西南山区高速铁路新技术丛书
四川省2019—2020年度重点图书出版规划项目

# 西南山区高速铁路建设绿色化技术与工程实践

王明慧 张 桥 周铭湘 ○ 编著

西南交通大学出版社
·成 都·

## 图书在版编目（CIP）数据

西南山区高速铁路建设绿色化技术与工程实践 / 王明慧，张桥，周铭湘编著. 一成都：西南交通大学出版社，2019.11

ISBN 978-7-5643-7188-3

Ⅰ. ①西… Ⅱ. ①王… ②张… ③周… Ⅲ. ①山区铁路－高速铁路－铁路施工－西南地区 Ⅳ. ①U238

中国版本图书馆 CIP 数据核字（2019）第 247548 号

---

Xi'nan Shanqu Gaosu Tielu Jianshe Lüsehua Jishu yu Gongcheng Shijian

## 西南山区高速铁路建设绿色化技术与工程实践

王明慧　张　桥　周铭湘　编著

| 责 任 编 辑 | 姜锡伟 |
| --- | --- |
| 封 面 设 计 | 何东琳设计工作室 |
| 出 版 发 行 | 西南交通大学出版社 |
| | （四川省成都市金牛区二环路北一段 111 号 |
| | 西南交通大学创新大厦 21 楼） |
| 发 行 部 电 话 | 028-87600564　028-87600533 |
| 邮 政 编 码 | 610031 |
| 网　　　址 | http://www.xnjdcbs.com |
| 印　　　刷 | 四川煤田地质制图印刷厂 |
| 成 品 尺 寸 | 210 mm × 285 mm |
| 印　　　张 | 8.75 |
| 字　　　数 | 216 千 |
| 版　　　次 | 2019 年 11 月第 1 版 |
| 印　　　次 | 2019 年 11 月第 1 次 |
| 书　　　号 | ISBN 978-7-5643-7188-3 |
| 定　　　价 | 48.00 元 |

图书如有印装质量问题　本社负责退换

版权所有　盗版必究　举报电话：028-87600562

# 序

建设生态文明，共创美丽中国。美丽中国，你我共享；美丽中国，你我共建。一条条绿色的钢铁巨龙逐渐腾飞在中国广袤的大地上，铁路的绿色行动彰显铁路建设者的担当和作为，生态出行、绿色出行逐步成为一种常态，人们正在为建设美丽中国贡献智慧和力量。铁路建设者切实践行绿色发展理念，在高速铁路建设中不断探索前行，正在高起点、高标准、高质量地打造一条条具有中国特色的绿色生态风景线。

当前，西南高速铁路建设已成为国家铁路建设的主战场，高速铁路建设正蓬勃发展。由于西南地区山地特性——山峦叠嶂、江河纵横，高速铁路线路桥隧比例高、挖填方巨大，绿色高速铁路建设面临巨大挑战，有必要对当前铁路建设绿色化技术理论和实践探索进行系统总结，并在今后西南山区高速铁路建设中不断检验、丰富和发展。

令人欣喜的是，本书作者立足于渝万（重庆至万州）绿色高速铁路建设，用较为翔实的数据和案例较好地完成了这一工作。该书既有理论分析，又有实践总结，展现了我们的建设者们在绿色高速铁路建设之路上的主动性和创造性。对于广大高速铁路建设工程技术人员，这是一本不可多得的较为完整地阐述绿色高速铁路建设技术与实践的好书。相信该书的出版，一定会引起高速铁路建设者的高度关注，推动建设行业对高速铁路乃至基础设施绿色建设进行积极探索和实践。

中国工程院院士

2019 年 10 月 31 日

# 前 言

随着《铁路"十三五"发展规划》的实施，西南地区作为中国高速铁路建设的主战场之一，高速铁路建设正在快速有序推进，已有渝万、渝黔、西成、成渝、沪昆等铁路开通运营，沿江、成达万、渝西、渝昆等一批时速350公里的高铁即将开工建设。西南山区地形地貌复杂，山峦叠嶂，江河纵横，铁路建设过程中工程活动强烈，对脆弱的生态环境影响巨大，因此如何针对西南地区高速铁路建设的特点，绿色环保地建成生态高铁、百年高铁成为建设者们面临的一个重要课题。为此作者根据渝万铁路绿色建设实践，编写了本书，阐述和研究西南山区高速铁路建设绿色化技术。

本书从生态环境影响分析、生态破坏经济损失分析、绿色建设技术、绿色化生态效益评估等方面对西南山区绿色高速铁路建设技术进行了较为详尽的阐述，希望能够起到抛砖引玉的作用，促进西南山区高速铁路建设研究的发展。

本书在编写时，得到了渝万铁路有限公司、重庆市科技局等单位的大力帮助和支持，在此表示衷心的感谢！

由于西南山区绿色高速铁路建设涉及的知识面广，系统性强，限于作者的水平，书中难免存在不足之处，敬请读者批评指正（Email:yqgszq@126.com)。

编著者

2019 年 10 月

# 目 录

1 绪 论 ……1

- 1.1 铁路对人类文明发展的贡献 ……2
- 1.2 铁路与环境发展协调研究现状 ……4

2 铁路绿色化理论基础 ……7

- 2.1 铁路绿色化基本理论 ……7
- 2.2 可持续发展理论 ……8
- 2.3 铁路绿色化的意义 ……11

3 工程背景 ……13

- 3.1 渝万高速铁路工程概况 ……13
- 3.2 渝万高速铁路区域自然地理特征 ……15
- 3.3 渝万高速铁路沿线生态环境概况 ……16
- 3.4 渝万高速铁路沿线社会经济概况 ……18

4 渝万高速铁路建设对生态环境的影响分析 ……21

- 4.1 环境敏感区 ……21
- 4.2 土地资源 ……27
- 4.3 水土保持 ……28
- 4.4 噪 声 ……30
- 4.5 振 动 ……30
- 4.6 空 气 ……58
- 4.7 固体废弃物 ……58
- 4.8 地表水环境 ……59

5 西南山区高速铁路建设中生态破坏的经济损失分析 ……63

- 5.1 生态破坏经济损失组成分析 ……63
- 5.2 土地资源生态破坏经济损失的计算分析 ……63
- 5.3 渝万高速铁路土地生态破坏经济损失计算 ……66

6 渝万高速铁路建设的绿色化技术 ……………………………………………… 68

6.1 绿色选线技术 ………………………………………………………………… 68

6.2 路基及其边坡建设绿色化技术 …………………………………………… 79

6.3 隧道建设绿色化技术 ……………………………………………………… 86

6.4 桥梁建设绿色化技术 ……………………………………………………… 90

6.5 弃渣场建设绿色化技术 …………………………………………………… 93

6.6 制梁场建设绿色化技术 …………………………………………………… 96

6.7 铁路枢纽与客站建设绿色化技术 ……………………………………… 104

7 渝万高速铁路施工绿色化技术 ……………………………………………… 112

7.1 环境保护的绿色化技术 ………………………………………………… 112

7.2 基于突变级数法的绿色高速铁路施工评价研究 …………………… 118

8 渝万高速铁路建设的绿色化效益评估 …………………………………… 126

8.1 绿色化效益评估指标 …………………………………………………… 126

8.2 水土保持评估 …………………………………………………………… 126

8.3 固碳释氧评估 …………………………………………………………… 127

8.4 净化空气 ………………………………………………………………… 128

8.5 渝万高速铁路绿色化效益评估与分析 ……………………………… 129

参考文献 ………………………………………………………………………… 131

# 1 绪 论

铁路作为交通运输的重要工具，迄今已有近 200 年的历史。其间，铁路从低速到高速，从客运到重载，对人类社会经济的发展起到了巨大的推动作用。进入 21 世纪以来，各种交通工具飞跃发展，运输方式和手段更是层出不穷，人们对运输方式、运输工具的便捷性、舒适性、安全性、经济性等综合指标提出了更高要求。早在 1949 年，《人民日报》就有一篇介绍苏联"绿色化"的文章，那时便是指"植树造林、绿化"。2015 年 3 月 24 日，中共中央政治局会议审议通过《关于加快推进生态文明建设的意见》，首次提出"绿色化"概念。绿色化概念，是在新型工业化、城镇化、信息化和农业现代化的基础上并列提出的，内涵就远远超出了"绿化"、超出了植树造林的内容。这就要求加快推进生产方式、生活方式绿色化，推进生态文明建设。在这种情况下，铁路建设绿色化发展成为时代的要求和人们的共识与期盼。

绿色化的内涵至少包含以下三个方面的内容：

（1）节约资源。不论是工业化、城镇化还是农业现代化，必须要提高资源的利用效率，要节约资源，要保护资源，因为社会发展、经济发展必须要使用资源、消耗资源，但是消耗资源以后，必须保证让资源能够得以补充。我们说要绿色化，就必须要保证资源得以永续利用。

（2）控制污染。我们说绿色，如果我们的天是灰蒙蒙的，水是脏兮兮的，土地是重金属污染的，山是光秃秃的，那么这样的一种环境显然不是绿色的。绿色化的第二个重要内容，就是控制污染、消除污染。

（3）生态保护。人类作为整个自然生态系统的一部分，如果自然生态系统失衡了，那么我们生存的基本环境肯定会受到影响。绿色化的第三个大方面就应该是指生态保护。

中国在绿色化进程中肯定也面临很多挑战，这些挑战大概可以分成以下几个方面：

（1）与发达国家差距大。我国重要资源人均占有量远低于世界平均水平：耕地、淡水人均占有量只相当于世界平均水平的 43%、28%；石油、天然气等战略性资源对外依存度持续攀升，2014 年已经达到 59.5%、31%；特别是发展方式依然比较粗放，进一步加剧了资源约束，单位 GDP 能耗是世界平均水平的 2 倍。我国资源的利用效率和资源污染的控制程度，相比发达国家应该说还是有很大的差距，面临着选择和挑战。

（2）考评和核算难度大。我们现在这种考评机制和核算体系，总是不把生态资产的破坏计入其内，不把环境成本计入其内。要把这样的体系改过来，应该说难度非常大。

（3）生产生活方式问题很大。作为消费者，追求奢华、享乐，不是追求品质消费，是很大的问题。因此，我们必须推进生产方式、生活方式的绿色化，加快形成勤俭节约、绿色低碳、文明健康的生活方式和消费模式。绿色化发展方式的根本转变，涉及经济、政治、文化、社会建设方方面面，并与生产力布局、空间格局、产业结构、生产方式、生活方式以及价值理念、制度体制紧密相关，是一项全面而系统的工程，是一场全方位、系统性的绿色化变革，必须人人有责、共建共享。

西南山区高速铁路建设绿色化技术与工程实践

## 1.1 铁路对人类文明发展的贡献

铁路作为世界近代物质文明的重要成果，是人类社会经济发展到一定阶段的产物。列宁曾经指出：铁路是资本主义工业最主要的部门即煤炭工业和钢铁工业的结果，是世界贸易和资产阶级民主文明发展的结果和最显著的标志。铁路建设最早始于英国。1825年，英国开通了世界上第一条铁路——斯托克顿至达林顿铁路。随后，1830年，美国第一条具有近代意义的铁路——巴尔的摩至爱丽考特山铁路也建成通车。至1860年，美国铁路线总长达到49 289 km，成为当时世界上铁路线最长的国家，大大推动和加速了美国西部开发的进程。

19世纪30年末，铁路传入中国。在中国的现代经济建设过程中，铁路和国家近代化是双重互动关系，铁路的建设和发展对中国的现代经济产生了巨大影响。

20世纪中叶，由于汽车和航空运输的迅速发展，竞争日益激烈，加上多数国家铁路管理不善，全球范围内的铁路发展曾经度过了一个低谷期。自20世纪七八十年代以来，以日本、法国等为代表的高速铁路以其快速、舒适、安全以及票价适中的优势，取得了明显的经济效益，带动了铁路的技术创新。特别是2008年8月，我国第一条北京至天津的京津城际铁路建成通车以来，截至2016年年底，全国高速铁路运营里程超过2.2万千米，位居世界第一。中国高铁以其技术成就和服务质量赢得了国际声誉，已经成为一张见证时代发展的靓丽名片。

### 1.1.1 铁路在综合交通运输体系中的特点

交通运输是国民经济和社会发展的重要基础设施和先导基础产业，对改善经济空间布局、拉动和促进地区经济协调发展、加快构建和谐社会等方面具有重要作用。我国的综合运输交通体系主要有船运（海运、水运）、公路运输、铁路运输、航空运输和管道运输等5种交通运输方式。其中：公路运输的主要特点有覆盖面广、机动灵活、辐射性强；船运的主要特点有投资小、运能大、运输成本低、占地少、能耗低、污染少；航空运输的主要特点有：速度快、受地形限制小；管道输送的主要特点有输送能力大、占地少、安全性能好、运输成本低，对保证石油、天然气生产持续稳定增长，促进国民经济发展起着日益重要的作用；铁路运输的主要特点有全天候、运能大、运输成本低、能耗低、污染轻、安全可靠性高、通用性好。

从上述各类运输方式的优势和特点可以看出：公路主要承担中短途旅客运输，以及中短途的、到发点分散的、时效要求高的货物运输任务；航空主要承担时效要求快的城市间长途旅客运输，以及长途、高质、时效要求快的货物运输任务；船运主要承担大宗货物长途运输尤其是外贸货物运输任务；管道主要承担油、气、水等物资输送；铁路主要承担城市间中长途旅客运输，以及中长途和大宗散装物资的运输任务。

按照科学发展观总要求，综合交通体系也理应遵循"各展其长、各得其所"的原则协调发展，即在充分发挥各种运输优势的前提下，重点发展土地占用少、能耗低、污染小、快捷便利、安全可靠性高的运输方式。

### 1.1.2 铁路在综合交通运输体系中的地位与作用

自改革开放以来，铁路作为国民经济的大动脉、国家重要基础设施和大众化交通工具，对国民经济和社会发展的重要地位和作用，越来越为各级政府和广大人民群众所认识。据有关资料证实，我国铁路以占世界铁路6%的运营里程，完成了世界铁路24%的运输量，铁路平均运输密度、旅客周转量和货物发送吨数均居世界第一，是世界上最繁忙的铁路，为我国国民经济持续快速发展提供了强大的运力支持，为物流业的协调发展奠定了坚实的基础。因此，铁路作为我国主要交通运输方式，在综合运输体系中起着举足轻重的担纲作用和骨干作用。

（1）铁路在能源、原材料运输中的作用是其他运输方式不可代替的。

我国资源分布不平衡与产业分布不对称，资源主要分布在华北西部、西北、西南地区，产业和经济主要分布在东部地区，由此，形成了强大的能源与原材料的由西向东、由北向南的大宗的、长距离货物流，陆路运距一般都在 800 km 以上，甚至达到 2 000 km，至沿海港口的运距一般也都在 500～700 km。这些货物是国民经济发展的重要物资，其稳定和及时经济的供应直接关系到国民经济的增长，是区域运输保障的重点。同时，这些货物的价值相对较低，运输费用占货物价值的比重很大，对运输的经济性要求较高。因此，这些物资必须主要依靠大运能力、低运输成本的铁路运输或铁海联运才能满足需要。从未来的发展看，我国正处于工业化的加速发展期，基础工业还将会有一个较大发展，对能源、矿石、原材料等仍将会保持较大的增长需求。到 2020 年，在提高能源利用效率和大力节能的情况下，能源供给需要增长 1 倍，即达到 30 亿吨标煤，才能支撑国民经济翻两番的目标。由此可以推断，未来铁路承担的大宗能源、原材料等货物运输量还会继续以一定的速度增长。

（2）铁路在我国中长途旅客运输中的主力作用也是难以替代的。

我国疆域广阔，人口众多，区域间、城市间的人员流动基数大，而且出行距离长，交通费用支出较大。目前，我国人民生活水平虽然总体达到小康，但收入水平还是相对很低，交通费用对人们的出行和交通方式的选择影响很大。特别是在现有的客流群体中，外出打工求职者、学生、中低收入人员探亲和旅游、个体小型商贸经营者所占比例很大，它们对交通费用的承受能力都相对有限。铁路旅客运输不仅价格较低，而且相对于其他运输方式更安全。随着铁路服务质量和运行速度的不断提高，特别是近年来高速铁路网的陆续建成通车，在中长距离旅客运输方面，铁路比航空、高速公路具有了更强的运输优势，在交通运输中发挥着绝对且不可替代的作用。

## 1.1.3 铁路在综合交通运输体系中的比较优势

铁路是国民经济的先行产业，因具有占地少、运能大、运距长、全天候以及经济、快捷、安全、环保等独特优势，在综合交通体系中起着骨干作用。它在构建高效运输体系、优化资源配置和产业布局、降低物流成本和推动区域协调发展等方面发挥着巨大的作用。因此，铁路的建设水平和规模，是衡量一个国家或地区现代化和社会文明的重要标志。

（1）铁路是占用土地资源较少的运输工具。

要促进交通运输的可持续发展，占地少、使用效率高无疑是社会发展的首选。根据 2006 年首届中国交通运输发展论坛资料，完成每单位运输量，在美国公路占地是铁路的 5.6 倍，在加拿大是 7.1 倍，在法国是 3.7 倍，在德国是 6.6 倍，在日本是 13.6 倍。完成单位换算周转量占用土地，国外公路一般是铁路的 5～10 倍，我国则高达 25 倍。在同等运能条件下，铁路与高速公路的占地比为 1:（2.5～3），单位换算周转量占地公路是铁路的 3～5 倍。2005 年，我国铁路每千米完成的运输密度约为公路的 34 倍，每千米铁路完成的换算运输密度是公路的 27 倍。由此可见，在有效利用土地资源方面，铁路具有明显优势。

（2）铁路是能源消耗最少的运输工具。

在能源消耗方面，欧盟提供的数据是1L燃油在1km的距离上移动的货物质量：公路是50t，铁路是97t，船运是127t。我国统计资料表明，铁路、公路、航空单位运输量平均能耗比约为1∶8∶11。从完成单位运输量的油品消耗看，公路运输是铁路运输的20～30倍。铁路、公路、航空完成单位运输量的能耗比，客运为1∶3∶5.2；货运为1∶1.3∶3。公路能耗强度是铁路的2～10倍。从各种运输方式百吨公路油耗指标分析，2003年航空燃油消耗35.4kg，公路汽油消耗6.9kg，柴油消耗5.2kg，铁路柴油消耗0.5kg，船运燃料油消耗0.6kg。各种运输方式的客运能耗方面，每百人千米消耗标准煤，公路大客车为1.5kg，小轿车为3.8～4.8kg，航空为6.8kg，高速铁路约为1.0kg。我国铁路能耗在国家交通运输总能耗中仅占18%，而完成的换算周转量达50%。从节能降耗方面分析，我国铁路以交通行业不足1/5的能源消耗，完成了全社会1/2的运输量。显然，在完成相同工作量的情况下，铁路运输方式消耗能源最少。

（3）铁路是当前综合交通体系中对环境污染最小的运输工具。

交通运输产生的废气和噪声已成为大中城市环境污染的主要来源。国际上许多学者对不同的运输方式产生的污染物做了比较，其结果表明：客运造成的单位污染强度，铁路是航空的20%～40%，是公路的10%左右；货运造成的单位污染强度，铁路仅为公路的10%。按照完成单位运输周转量造成的环境成本测算，航空和公路客运分别是铁路客运的2.3倍、3.3倍，航空和公路货运分别是铁路货运的15.2倍、4.9倍。客运（人千米）和货运（吨千米）对环境的污染强度，公路是铁路的10倍左右。我国铁路每万吨换算吨千米治污费用为1.27元，而公路、民航是铁路的10倍。由此可见，铁路运输具有排放低、污染小的优势，是减轻交通运输污染最为行之有效的运输方式。

（4）铁路是目前最安全的交通运输工具之一。

以我国为例，1995—2002年各种运输方式的交通事故数据表明，铁路与公路的事故次数比为1∶246，事故损失比为1∶44.48。由以上数据可以看出，铁路运输安全可靠性明显高于公路运输。

## 1.2 铁路与环境发展协调研究现状

### 1.2.1 国外研究现状

美、日、英、法、德等发达国家经过长达30年的研究，对铁路勘察、设计、建设、运营中如何保护和利用自然资源，保护沿线属地动、植物各种自然特性，保护文物、名胜古迹和风景名胜区等等都已有了较为完整的规范和手册。其中：1965年，美国制定了《铁路美化规定》；1976年，日本制定了《铁路绿化技术基准》。而法国、德国、荷兰、英国等国家对铁路的环境设计与景观规划设计不但规定其设计原则、方法等，还根据本国国情规定了具体指标和生态环境投资在工程总投资中所占的比例。研究主要包括水、气、声、渣等4个环境要素。在污水处理方面，日本20世纪60年代开发"循环式"列车厕所处理系统，近年来又开发了"干燥""生物式""真空吸引式"等列车厕所处理系统技术，而德国以及欧洲快速列车均采用密闭式厕所；在控制大气污染措施方面，法国参与了欧洲铁路研究院多项研究工作，日本对700系新干线吸烟车采用了静电感应式高性能薄型空气净化器，使吸烟车粉尘浓度减少了一半；在降噪方面，法国研究采取了声屏障和双层窗综合降噪措施。

20世纪60年代以来，西方一些发达国家开展了生态景观视觉研究和视觉影响评估方法研究，建立了美景度估测模型、景观比较评判模型和环境评判模型等模型方法，并形成了专家学派、心理物理学派、认知学派以及经验学派四大派系。

此外，国外还很重视高速铁路对区域社会经济发展的影响研究，如英国伦敦一巴黎一布鲁塞尔一科隆高速铁路对社会经济活动的影响研究、荷兰高速铁路车站对城市区域发展影响的研究等等。

高速铁路运营噪声、振动评价标准及治理，一直也是国外关注的重点之一，其中以欧盟、法国、日本、美国为主要代表，他们在噪声及振动评价标准、限值等方面存在差异。

## 1.2.2 国内研究现状

自改革开放以来，我国"绿色铁路"的研究在环境保护方面做了很多工作，主要集中在噪声治理、振动控制、大气污染治理、水污染控制、生态保护以及固废物处理等方面。1987年，原铁道部发布了《铁路工程设计环境保护技术规定》（TBJ 501—87）；1993年，原铁道部发布了《铁道工程环境保护设计规范》（TB 10501—98）；1998年，国务院第253号文发布的《建设项目环境保护管理条例》，在铁路建设中得到了贯彻。

后续发布的铁路设计规范均对绿色设计给予了很大重视，尤其是《高速铁路设计规范（试行）》（TB 10621—2009），在"总则"中明确要求"高速铁路设计应执行国家节约能源、节约用水、节约材料、节省用地、保护环境等有关法律、法规"，把"节能环保"列为高速铁路总体设计的五大目标要求之一，把"符合环境保护、水土保持、土地节约及文物保护的要求"列为高速铁路选线设计应遵循的原则之一。"环境保护"篇章明确了高速铁路环保选线选址设计、生态保护和水土保持、环境污染治理工程设计的基本原则，规定了高速铁路声屏障、拉坡转运设施、绿化及绿色通道建设等相关内容。

在噪声、振动限值方面，2008年10月1日，开始实施国家标准《声环境质量标准》（GB 3096—2008）、《铁路边界噪声限值及其测量方法》（GB 12525—90）修改方案（环保部公告2008年第38号）。

在铁路客站环保方面，《铁路旅客车站建筑设计规范》（GB 50226—2007）明确要求：绿化和景观设计应按功能和环境要求布置，车站广场绿化率不宜小于10%，近年来陆续建成的北京南站、上海虹桥、南京南站、贵阳北站等高速铁路车站，都融入了"低碳、绿色、科技、环保"等建设理念。

在铁路项目水土保持方面，目前执行标准为《开发建设项目水土流失防治标准》（GB 50434—2008）。

自国家实施"十五"规划以来，原铁道部、中国铁路总公司均提出了全路实施建设绿色运输大通道的战略。2013年8月6日，中国铁路总公司又发布了《铁路工程绿色通道建设指南》（铁总建设〔2013〕94号），对稳固铁路两侧边坡、水土保持、改善环境、防御灾害、美化路容制定了更具体的标准。在铁路项目建设全过程管理中，贯彻了环保选线理念，各参建单位强化了环境保护意识，承担起了环境保护、节能减排、降低成本的重任。在深入推进绿色施工的同时，实现了环境生态保护与铁路建设的有序推进，体现了新时代铁路可持续发展的新要求、新思路。

 西南山区高速铁路建设绿色化技术与工程实践

但是，纵观国内外学者专家对铁路"绿色化"的相关研究，此前更多地局限于建设、运营期的水、气、声、渣等单方面环境影响因素，在人文、景观、生态、社会以及经济等方面研究不深入，缺乏系统性、全面性。因此，研究铁路建设"绿色化"，还具有十分重要的创新价值和现实意义。

## 2 铁路绿色化理论基础

### 2.1 铁路绿色化基本理论

#### 2.1.1 铁路绿色化理论的起源

近年来，特别是国家实施"十一五"规划以来，我国铁路作为资源节约型和环境友好型运输方式，越来越注重生态环境保护工作。尤其是高速铁路的修建，在能源消耗、环境保护方面有着较为突出的优势。"十二五""十三五"期间，中国修建了大量高速铁路，截至2016年年底，高速铁路运营里程达到2.2万千米。高铁所到之处，人们率先享受到高铁带来的"绿色"和环保。有研究表明，假设每人千米污染治理费用高速铁路为1，那么高速公路为3.76，飞机为5.21。为全面构建资源节约、环境友好型社会，结合绿色化理论的概念和内涵，铁路绿色化的概念由此得以提出。

铁路的"绿色化"，可以理解为广义上的"环保"，即铁路占地少、能耗低、污染小、成本低、运量大、全天候运行。铁路建设的绿色化技术，系统理解就是以环境价值为尺度，运用各种绿色化技术，在确保铁路运营安全、快捷、高效的条件下，不断减小铁路及配套设施对生态环境的负面影响，建设具有良好的经济效果，促进社会进步，减少资源消耗，可持续发展的铁路。

众所周知，铁路作为国民经济的一个重要部分，作为国民经济的"大动脉"，在我国交通运输综合体系中处于骨干地位。它的发展，符合我国经济社会发展总要求，也是落实科学发展观的具体体现。但是，铁路在带给人们生活极大便利的同时，不可避免地给我们的生活环境带来破坏和不利影响。因此，处理好铁路建设、运营与环境之间的关系，达到协调发展，就成了我们迫切需要解决的重要课题。

诚然，发展铁路"绿色化"，实现铁路可持续发展，对全面建设资源节约、环境友好型社会具有很强的现实意义和社会意义。

#### 2.1.2 铁路绿色化理论的内涵

#### 2.1.2.1 铁路绿色化促进了经济的持续增长

我国还处于社会主义初级阶段，社会的发展存在不均衡现象，尤其是欠发达地区，如云、贵、川、陕、甘、宁等西部地区，如果交通不改善、经济不发展，那么，摆脱贫困、改善环境、社会进步就只能成为一句空话。实施铁路绿色化，对改善当地人们的精神生活和物质生活，促进地区区域经济的持续增长，将产生巨大的推动作用。

西南山区高速铁路建设绿色化技术与工程实践

## 2.1.2.2 铁路绿色化适应了社会的不断进步

社会的进步，最具体的表现就是人的认知水平提高、知识普及、社会公平正义等等。马克思指出，社会的进步就是人类对美的追求的结晶。如果社会停滞不前，经济的发展所带来的结果对资源与环境也将是不利的。而铁路绿色化以改善和提高人们生活质量为目标，与社会的进步是相适应的。

## 2.1.2.3 铁路绿色化保持了自然资源的可持续利用

自然资源，是人类生存和发展的物质基础和社会物质财富的源泉，是可持续发展的重要依据之一。自然资源根据其可否更新可分为两类，即：可更新资源，如阳光、风、水利资源等；不可更新资源，如石油、天然气、煤等常规能源。对于不可更新资源，我们要有计划地根据生产力发展需要进行开采利用，并不断寻求新的可替代资源类型。对于可更新资源，关键是如何平衡资源的使用量与资源的更新速度，从而实现资源的可持续利用。显然，铁路建设的绿色化，是以自然资源为基础，与资源的承载能力相协调。因此，保持资源的持续利用，在铁路发展中又体现出了自然资源的价值。

## 2.1.2.4 铁路绿色化有利于生态环境的保持和改善

随着物质生活的不断提高，人们对精神生活也相继提出了更高的要求。人们开始向往健康的身体、向往愉悦的生活环境，包括清新的空气、青山绿水等等。那么，在享受铁路交通带来生活便利的同时，要设法改善因铁路建设行为而被破坏和污染的环境。而铁路绿色化，就是通过采取经济手段、技术措施以及地方政府干预等等，来达到保护、维护和改善生态环境的目的。

## 2.1.2.5 铁路绿色化满足了经济、社会、资源和环境的协调发展

依据我国"十一五"规划，铁路绿色化与经济发展、社会进步、资源利用及环境保护之间必须相互协调、辩证统一。如果过于强调某一因子而忽视其他，将会导致铁路发展的不可持续。因此，只有将它们作为一个系统综合考虑，才能实现真正意义上的"铁路绿色化"。

总之，铁路建设的绿色化，就是运用绿色化技术，实质上就是通过投入人力、财力、物力，减少和消除铁路建设活动对生态环境产生的不良影响和破坏，在加快铁路建设、加快社会现代化进程的同时，保护好人类赖以生存的自然环境。随着"绿色"理念的不断发展、深入，人们在享受绿色铁路带来的生活便利的过程中日益增强的环境保护意识，对促进我国社会进步、提高人口素质、实现人与社会和谐发展，将产生不可低估的作用。

## 2.2 可持续发展理论

随着工业革命的不断深入，特别是到了20世纪中叶，工业生产带来的资源、生态与环境之间的不协调问题，给地球和人类带来了极大的伤害，促使人们开始对发展引发的问题成因进行严肃思考，人口与资源、环境之间的协调与可持续发展的全新概念才真正被提到了人类

## 2 铁路绿色化理论基础

发展战略中来。截至2016年，全世界人口已超过70亿，预计到2050年，全球人口将达到93亿。如此大的人口数量，给社会带来了一系列问题，如贫困蔓延、水资源短缺、土壤匮乏、能源供给不足、粮食安全、环境污染、生态保护以及教育等等问题。这一系列问题给地球生态平衡与人类持续发展提出了严峻的挑战，因此，可持续发展成为一个全球性问题。

### 2.2.1 可持续发展理论的起源

"可持续性"一词最初应用于林业与渔业，主要指保持林业和渔业资源源源不断的一种管理战略。而作为一个概念，可持续发展则可以追溯到更漫长的历史渊源，在我国春秋战国时期，著名思想家、教育家孔子就说过"钓而不纲，弋不射宿"，意思就是钓鱼时用鱼竿钓鱼而不用渔网捕鱼，打猎飞射时从来不射取休息的鸟兽。而孟子、荀子也有对自然资源休养生息，以保证其永续利用等饱含可持续发展思想的精辟论述。在西方，如马尔萨斯、李嘉图、穆勒等等经济学家，也较早地提出过人类消费的物质限制论述。

到了近代，环境污染日趋严重，环境问题日益突出，在世界各国的共同关注和努力下，联合国分别在1972年"人类环境大会"、1992年"世界环境与发展大会"就人类环境与发展问题进行了深入研究，可持续发展才逐步成为一个较完善的理论体系。2002年，在南非召开的世界可持续发展首脑峰会上，与会国家和地区就进一步加强全球范围内的可持续发展达成了共识，为未来全球可持续发展定下了基调。

近几十年来，国际社会和各国政府为推动经济、社会、资源、环境协调发展做着不懈的努力，同时也使大家真正认识到：不仅环境问题本身相当棘手，而且处理好环境与社会经济的相互关系也十分复杂。因此，推动可持续发展战略，需要全世界各国政府、各级组织出谋划策、勠力同心、达成共识。

### 2.2.2 可持续发展理论的基本思想

可持续发展是一种立足于环境与自然资源角度提出的关于人类长期发展的战略模式，是一个涉及经济、社会、文化技术及自然环境的综合概念。其基本原则可概括为系统协调性原则、可持续性原则、公平性原则和合作性原则。

（1）系统协调性原则。

一方面，要把人口、科学技术、经济、社会、资源与环境等要素视为一个系统整体；另一方面，要把全球范围内的国家间、地区间视为相互依存、不可分割的系统整体。按照系统科学的原理，处理好各种矛盾，协调好各种关系，使人与自然和谐发展。

（2）可持续性原则。

可持续性原则指人类在社会发展过程中，不能以耗尽资源和牺牲环境为代价，不应危害、破坏自身赖以生存的生态系统。当这一系统受到某种干扰时，能使其尽快恢复并保持原有的系统平衡力。可持续发展，不仅要实现当代人自身的发展，更在于子孙后代的长远发展。

（3）公平性原则。

在可持续发展理论中，公平性指的是每个人，不论其国别、民族、肤色等等，都应享受平等发展的权利，以及发展带来的成果。

西南山区高速铁路建设绿色化技术与工程实践

（4）合作性原则。

我们知道，在浩瀚的宇宙中，地球只是一颗很小的行星，却承载着六七十亿人口。因此所有国家、地区之间要切实加强合作，为人类经济、社会、资源、环境协调可持续发展制定统一目标、共同准则，才能实现全球性可持续发展。

总之，可持续发展，就是保证社会具有长期的持续性发展能力，确保生态环境安全稳定、协调发展，避免社会、经济大起大落。

## 2.2.3 可持续发展理论的研究现状

近几十年来，对于可持续发展，各研究领域之间还存在着概念理解之间的差异。因此，不同的研究者从分别自然属性、社会属性、经济属性和科技属性几个方面对可持续的概念和内涵进行了拓展。

（1）侧重自然属性的可持续发展理论研究。

研究者以生态平衡、自然保护、资源环境的永续利用作为研究的基本内容，以"环境保护与经济发展之间取得合理平衡"作为可持续发展的重要指标和基本手段。1991年，国际自然保护同盟对可持续进行了定义，即：可持续的使用，是指在其可再生能力（速度）的范围内使用有机生态系统或其他可再生资源。同年，国际生态学联合会和国际生物科学联合会进一步探讨了可持续发展的自然属性，他们将可持续发展定义为"保护和加强环境系统的生产更新能力"。

（2）侧重社会属性的可持续发展理论研究。

研究者以社会发展、社会分配、利益均衡等作为基本内容，以"经济效益与社会公正取得合理的平衡"作为可持续发展的重要指标和基本手段。1991年，国际自然保护同盟、联合国环境规划署和世界野生物基金会共同发表了《保护地球——可持续生存战略》，其中提出的可持续发展定义是："在生存不超出维持生态系统涵容能力的情况下，提高人类的生活质量"。

（3）侧重经济属性的可持续发展理论研究。

研究者以区域开发、生产力布局、经济结构优化、实物供需平衡等作为基本内容，将"科技进步贡献率抵消或克服投资的边际效益递减率"作为衡量可持续发展的重要指标和基本手段展开研究。1992年，学者普朗克和哈克对可持续发展进行了定义，即：为全世界而不是少数人的特权所提供公平机会的经济增长，不进一步消耗自然资源的绝对量和涵容能力。1993年，英国经济学家皮斯和沃福德，以及美国经济学家克斯坦萨先后对可持续发展进行了进一步定义。定义中均意味着人类活动的影响保持在某些限度之内，以免破坏生态学上生存支持系统的多样性、复杂性和基本功能。

（4）侧重科技属性的可持续发展理论研究。

研究者主要是从技术选择的角度扩展了可持续发展的定义，即：可持续发展就是转向更清洁、更有效的技术，尽可能接近"零排放"或"密闭式"的工艺方法。也有主张发达国家和发展中国家通过技术合作，缩小技术差距，提高发展中国家经济生产能力的等等。

## 2.3 铁路绿色化的意义

### 2.3.1 铁路绿色化的理论意义

铁路绿色化是一个新的研究领域，它是一种新型的可持续发展的运输理念，是研究铁路如何与社会、经济、资源和环境协调发展，并利用自身优势，减少或避免产生对生态环境的破坏，以实现我国铁路设计、建设、运营和管理的可持续发展，是构建社会主义和谐社会、建设资源节约和环境友好型社会的必然选择。

（1）铁路绿色化研究是可持续发展理论研究的重要组成部分。

18世纪中叶，英国首先发起了工业革命，尔后，工业革命很快传播到世界各国，给人类社会生活各个方面带来了深刻影响。特别是到了20世纪中叶，在社会生产力快速发展的同时，世界范围内广泛出现了资源、环境、能源和粮食危机，环境恶化现象日益突出，包括比利时马斯河谷烟雾事件、美国洛杉矶光化学烟雾事件等等震惊世界的八大公害事件，引起了当地公民的强烈不满，同时，也引起了社会各界的普遍关注。美国海洋生物学家莱切尔·卡逊撰写的《寂静的春天》一书，使人类认识到环境的污染造成的危害是长期的、严重的。1972年，联合国在瑞典斯德哥尔摩召开了"人类环境大会"，会上通过了《人类环境会议宣言》，并成为可持续发展时代的新起点。1987年，世纪环境与发展委员会（WCED）在《我们的共同未来》一书中提出了广为国际社会普遍接受的可持续发展的定义。1992年，联合国环境与发展会议通过了贯穿可持续发展思想的三个重要文件，即《里约宣言》《21世纪议程》和《森林问题原则声明》。

由上述可以看出，可持续发展模式强调的就是发展与环境保护的协调性，在人类社会发展的同时，要防止、减少并治理人类活动带来的环境破坏，使自然生态系统处于良好的平衡状态。

20世纪后期，随着国民经济的快速发展和人们生活水平的不断提高，可持续发展理论运用到了交通运输行业，进而派生出了可持续交通运输理论。

我国的可持续交通运输研究较晚，到1949年，全国能够勉强维持通车的铁路仅有1.1万千米。中华人民共和国成立以后，特别是改革开放以来，我国铁路发展在数量和质量上取得了明显进步，铁路在交通运输体系中处于绝对的骨干地位，为国民经济发展起到了强有力的支持作用。显然，发展好铁路运输事业，对我国经济发展和社会稳定具有非常重要的意义。铁路建设的绿色化，实现交通运输可持续发展的构想就在这种大环境中应运而生了。

（2）铁路绿色化研究是绿色GDP研究的需要。

GDP是一个国家或地区的常驻地位在一定时期内所生产和提供的最终货物和服务的总价值，它是一个综合性的经济总量，是对最终产品的统计，是反映一个国家或地区的生产规模及综合实力的重要总量指标。

经济产出总量增加的过程，必然是自然资源消耗增加的过程，也是环境污染和生态破坏的过程。因此，一些经济学家和统计学家尝试将环境要素纳入国民经济核算体系，以发展新的国民经济核算体系，即绿色GDP。

绿色GDP即绿色国内生产总值，它是从现行统计的GDP中扣除环境成本（包括环境污

西南山区高速铁路建设绿色化技术与工程实践

染、自然资源退化等）因素引起的经济损失成本，从而得出较为真实的国民财富总量。因此，绿色 GDP 不仅能反映经济增长水平，而且能够体现经济增长与环境保护和谐统一的程度，表达和反映可持续发展的思想和要求。绿色 GDP 占总 GDP 的比重越大，表明国民经济增长的正面效应越高，负面效应越低。

我们知道，铁路建设项目的实施，一方面占用土地资源；另一方面，破坏植被等生态环境，引起水土流失。因此，绿色铁路的研究及建立是适应时代的要求，通过核算、评价铁路建设付出的生态、资源代价，寻求铁路和区域社会经济的可持续发展，提高铁路在绿色 GDP 中的贡献。因此，研究铁路绿色化、绿色 GDP 是我国铁路可持续发展的需要。

## 2.3.2 铁路绿色化的实际意义

我国的基本国情是地大物博、人口众多、人均资源量少。根据《各国矿产储量潜在总值》的估算，我国人均矿产储量潜在总值只有世界平均水平的 58%，人均能源占有量是世界平均水平的 1/7。2004 年，我国人均耕地面积已降到 0.094 $hm^2$，不到世界人均水平的 40%；人均占有森林面积为世界人均水平的 17.2%；人均水资源为世界人均占有量的 1/4。显然，实现交通运输的能源节约意义非常重大，也是我国发展运输事业的必然之路。而铁路绿色化理论的研究及运用，不仅有助于减少我国铁路建设对当地生态环境的负面影响，促进铁路建设及地区经济发展，减少资源消耗，更有利于实现铁路建设与社会、经济、资源和环境的可持续发展。铁路建设绿色化，对于推动我国构建资源节约型、环境友好型社会具有重要的实际意义。

# 3 工程背景

## 3.1 渝万高速铁路工程概况

### 3.1.1 地理位置

渝万高速铁路位于重庆市境内，南起重庆枢纽重庆北站，经渝北区、江北区、长寿、垫江、梁平，终点至万州北，线路全长 247 km，设计速度 250 km/h，桥隧比达到 72%，沿线途经条状中低山区、丘陵区、坪状低山区，是一条比较典型的西南山区高速铁路。渝万高速铁路重庆端通过成渝、渝宜（宾）城际、成遂渝、渝黔、渝昆等快速通道连接成渝经济区各中心城市和滇黔两省大中城市；万州端向郑州延伸构成渝郑客运专线，是我国规划的郑渝昆快速客运通道的组成部分，探索实施渝万高速铁路建设的绿色化技术、深入开展生态文明先行示范高速铁路建设，探索生态文明高速铁路建设的有效模式，对提升重庆高速铁路建设和生态环境水平将起到积极的示范带动作用，以期形成可复制、可推广的模式和成果。

### 3.1.2 建设标准和主要工程量

#### 3.1.2.1 建设标准

（1）铁路等级：客运专线。

（2）正线数目：双线。

（3）正线线间距：4.6 m。

（4）旅客列车设计行车速度：正线 250 km/h；重庆枢纽 120 km/h。

（5）最小曲线半径：正线 4 000 m；重庆枢纽一般地段 800 m，局部地段 600 m。

（6）限制坡度：20‰。

（7）牵引种类：电力。

（8）机车类型：电动车组。

（9）到发线有效长度：650 m。

（10）列车运行控制方式：自动控制。

#### 3.1.2.2 主要工程量

（1）线路。

新建正线重庆北至万州北里程 YWDK0+000~DK249+861，全长 247.256 km，重庆枢纽相关工程包括渝万动车出库右线（YWDCDK0+000~YWDCDK2+109.288，长 2.109 km）和渝万下行联络线（ZYLDK0+590~ZYLDK2+610.27，长 2.61 km）。

渝万高速铁路在重庆北至长寿北 YWDK0+000~DK69+400 段线路与在建渝利铁路左侧并

行，并行段长度约 69.4 km，线间距 17~350 m。另外，本工程联络线在 ZYLDK0+000~ZYLDK1+700 右侧沿既有渝怀铁路行进，线路长 1.7 km，线间距 27~62 m。

（2）轨道。

正线轨道采用重型轨道标准（60 kg/m，100mU71Mn（k）无孔新轨），一次铺设跨区间无缝线路。长度大于 6 km 的隧道采用 CRTS Ⅰ型双块式无砟轨道，其他地段均为有砟轨道，采用一级碎石道砟。渝万动车联络线采用重型轨道标准，一次铺设跨区间无缝线路，道床采用一级碎石道砟。

（3）路基。

渝万客专正线路基长度为 70 km，占正线线路长度的 28%。重庆枢纽相关工程路基长度约 2 km，占枢纽组线路基长度的 32%。

路基工点分布类型详见表 3.1。

表 3.1 主要路基工点类型分布

| 工点类型 |  | 处数 | 累计长度/km |
|---|---|---|---|
| 软土路基 |  | 275 | 14.348 |
| 深路堑 | $\geqslant$ 15 m | 156 | 9.946 |
|  | 其中 $\geqslant$ 30 m | 12 | 0.760 |
| 顺层路堑 |  | 113 | 11.050 |
| 高路堤 | $\geqslant$ 12 m | 5 | 0.483 |
| 陡坡路基 |  | 137 | 4.530 |
| 膨胀岩（土）路堑 |  | 10 | 1.319 |

区间直线段路基面宽度按《高速铁路设计规范（试行）》（TB 10621—2009）第 6.2.3 条标准执行，见表 3.2。

表 3.2 区间直线段路基面宽度

| 设计速度/（km/h） | 轨道类型 | 单 线/m | 双 线/m | 线间距/m |
|---|---|---|---|---|
| 250 | 有砟 | 8.8 | 13.4 | 4.6 |

（4）桥梁。

全线桥梁合计 239 座，累计长 118.552 km（其中重庆枢纽正线 3 座 1.699 km，联络线 2 座 1.233 km，动车线 1 座 0.158 km）。

正线桥梁 236 座，累计长 117.161 km，平均墩高约 13.57 m，平均桩长约 10 m。其中：特大桥 78 座合计 81.951 km（大于 2 km 的 4 座）；大桥 139 座合计 33.884 km；中桥 19 座合计 1.326 km。

全线共有 24 m、32 m 简支箱梁 3 420 孔（24 m 梁 227 孔、32 m 梁 3 193 孔）。其中：预制双线箱梁 3 338 孔（包括 DK1+880~DK6+045 段的 47 孔），24 m 梁 217 孔、32 m 梁 3121 孔；现浇双线箱梁 82 孔（其中：24 m 梁 10 孔、32 m 梁 72 孔）。

全线共有悬灌连续梁 14 联，道岔、渡线桥 8 座。

## 3 工程背景

正线涵洞 256 座 5523 横延米；框架桥 15 座计 5 277 $m^2$；跨线公路桥 4 座 8 674 $m^2$；渡槽 2 座 267 $m^2$；地道 5 座 2 474 $m^2$ 等。

（5）隧道。

全线共有隧道 57 座合计 58.338 km（其中重庆枢纽正线 1 座 0.414 km，联络线 1 座 0.12 km，动车线 1 座 0.09 km）。

正线隧道 54 座合计 57.714 km，其中大于 4 km 长的隧道 2 座合计 13.695 km，3～4 km 长的隧道 3 座合计 10.208 km，2～3 km 长的隧道 4 座合计 10.353 km，1～2 km 长的隧道 8 座合计 12.208 km，小于 1 km 长的隧道 37 座合计 11.250 km。隧道围岩级别比例，Ⅲ级围岩为 31.8%（18.355 km），Ⅳ级围岩为 40.6%（23.446 km），Ⅴ级围岩为 27.6%（15.913 km）。

（6）车站。

全线新增房屋建筑面积 64 116 $m^2$（其中生产房屋 61 716 $m^2$，生活房屋 2 400 $m^2$，含地方投资站房面积共 14 000 $m^2$），平均 259.58 $m^2$/km。生活房屋平均 9.72 $m^2$/人。

（7）用地。

本项目永久用地 5.33 $km^2$，临时用地 3.0 $km^2$。

（8）拆迁工程。

正线共拆迁房屋 0.58 $km^2$，平均每正线千米 2 418 $m^2$。

## 3.2 渝万高速铁路区域自然地理特征

### 3.2.1 地形地貌

沿线地形受地质构造控制，背斜成条状中低山，向斜成宽缓低山丘陵谷地，构造线与山脊一致，呈北东向展布，沿线途经了条状中低山区、丘陵区、坪状低山区。

（1）条状中低山区：由北北东向狭窄背斜形成，地面高程为 300～1 100 m，相对高差 200～600 m，地形起伏较大，自然坡度较陡，局部成陡崖，基岩大部裸露，主要为重庆北至长寿间的铜锣山、明月山及梁平至万州间的铁锋山。

（2）丘陵区：沿线除北北东向狭窄背斜形成的中低山外大多为丘陵区。蜿蜒展布的长江为区内最大河流，两侧支流呈树枝状发育，地面高程一般在 130～500 m，相对高差为 20～180 m 不等，植被差。

（3）坪状低山区：分布于分水至万州段，地面高程一般在 500～850 m，受树枝状"箱"形沟谷切割，一般切割深度为 150～200 m，形成不规则的块状高地，深切沟谷处砂岩多形成陡崖，基岩大部裸露。

### 3.2.2 气象、气候

沿线属亚热带季风湿润气候区，气候温和，四季分明，水热充足，冬暖、春早、夏热，降水充沛，湿度大、云雾多，具有层次分明的山地立体气候和明显的盆地气候特征。其气候特点大致相近。沿线主要区县全年气象资料详见表 3.3。

西南山区高速铁路建设绿色化技术与工程实践

表 3.3 沿线主要气象资料汇总

| 地 区 | 年平均气温 /°C | 极端最低气温 /°C | 极端最高气温 /°C | 年平均降雨量 /mm | 日最大降雨量 /mm | 年平均风速 /(m/s) | 最大风速（风向） |
|------|-----------|------------|------------|------------|------------|-------------|-----------|
| 渝北区 | 18.8 | -2.8 | 41.7 | 1 192.9 | 221.3 | 2.0 | 23（NE） |
| 江北区 | 17.5 | -2.6 | 40.2 | 1 159.3 | 229.6 | 2.0 | 18.7（WSW） |
| 长寿区 | 17.5 | -2.3 | 42.3 | 1 154.8 | 196.3 | 1.8 | 22.7（WSW） |
| 垫江区 | 16.8 | -4.4 | 40.6 | 1211 | 211.5 | 2.1 | 26（NE） |
| 梁平区 | 16.6 | -6.6 | 40.3 | 1 291.7 | 234.1 | 1.4 | 13（NE） |
| 万州区 | 18.0 | -3.7 | 42.3 | 1 229.2 | 199.3 | 0.5 | 16.7（NW） |

### 3.2.3 河流、水文

沿线属于长江流域，水系较发育，长江及其支流御临河、龙溪河等大小江河为常年地表水流，河水面为当地侵蚀基准面。地表水系呈树枝状、叶脉状分布。线路所经地区的水文地质条件，主要受地貌、岩性、构造的控制。丘陵、陡坡及泥页岩地段，一般水量较小；河谷阶地砂卵石层孔隙水较丰富；砂岩、碳酸盐岩地区，构造裂隙带及向斜等储水构造的地下水水量较大。沿线地下水主要为第四系堆积层孔隙水、碎屑裂隙水及岩溶水。

### 3.2.4 地层岩性

沿线出露有二叠系、三叠系、侏罗系及第四系地层，其中二叠系、三叠系较老地层主要分布于背斜山岭地带，为碎屑岩及碳酸盐类岩石，局部地段夹煤线及薄煤层，其余向斜谷地均为侏罗系"红层"内陆河湖相碎屑岩，以泥岩为主，夹砂岩。第四系松散层主要分布于长江及支流河谷、丘间沟槽以及小型山间盆地中，山体斜坡大多覆盖坡残积层，在部分陡崖下堆积崩坡积体。

### 3.2.5 地质构造

工程所经区域属新华夏系构造，位于扬子准地台四川盆地川东平行岭谷区，由狭窄的背斜和宽缓的向斜组成北北东向隔挡式构造。新华夏系四川沉降带川东褶皱束中，以明月峡背斜东翼为界：以西为华蓥山隆褶带，以东为垫江拗褶带。

## 3.3 渝万高速铁路沿线生态环境概况

### 3.3.1 生态环境概况

（1）土壤。

沿线地区土壤类型主要为具初育岩成土特征的紫色土，具有人为水耕熟化特征的水稻土

## 3 工程背景

和具有弱富铝化、黄化特征的黄壤以及具石灰性初育岩成土特征的黄色石灰土，具冲积性初育特征的新积土，具黏化、淋溶特征的黄棕壤，具富铁铝特征的黄红壤，具平坦低湿山地环境、半水成土特征的山地草甸土等。其中紫色土和水稻土所占比重为70%～80%。

（2）土地利用。

根据沿线土地管理部门提供的统计资料，沿线区域土地利用以耕地和林地为主，耕地集中在山间或沿江平坝地带，林地则集中在中低山区；乡镇工矿用地和交通用地比例很低，未利用地比例达到10%。这表明沿线的城镇化水平较低，农业用地是主要的用地类型。沿线各县、市土地利用情况见表3.4。

表 3.4 沿线各地区土地利用情况          单位：$km^2$

| 地 区 | 土地面积 | 耕地面积 | 园地面积 | 林地面积 | 水域面积 | 交通用地 | 未利用地 | 居民工矿用地 |
|------|------|------|------|------|------|------|------|------|
| 渝北区 | 1452 | 417.33 | 31.87 | 202 | 103.33 | 8.2 | 236.67 | 452 |
| 江北区 | 220.67 | 105.2 | 8.53 | 29.73 | 27.13 | 3.61 | 3.61 | 40.73 |
| 长寿区 | 1423.33 | 647.33 | 36.93 | 217.73 | 114.67 | 7.87 | 287.07 | 136 |
| 垫江县 | 1518 | 794.67 | 32 | 341.33 | 49 | 7.07 | 252.67 | 41.27 |
| 梁平区 | 1889.87 | 853.53 | 45.33 | 504 | 47 | 15.73 | 257.87 | 166.47 |
| 万州区 | 3457 | 833.33 | 125.33 | 835.33 | 108.67 | 44 | 490 | 1019.73 |

（3）水土流失。

本项目所在区域，地形由南北向长江河谷倾斜，起伏较大，地貌以丘陵、山地为主。区域内土壤侵蚀类型以水力侵蚀及重力侵蚀为主，水土流失较严重。水土流失现状见表3.5。

表 3.5 线路所经主要地区的水土流失现状

| 地 区 | 地区面积/$km^2$ | 轻度及以上侵蚀面积 | |
|------|------|------|------|
| | | 合计/$km^2$ | 占地区面积/% |
| 渝北区 | 1 452.03 | 473.30 | 32.6 |
| 江北区 | 213.52 | 110.51 | 51.76 |
| 长寿区 | 1 415.49 | 463.96 | 32.78 |
| 垫江县 | 1 518.00 | 567.85 | 37.41 |
| 梁平区 | 1 890.00 | 673.27 | 35.26 |
| 万州区 | 3 457.00 | 1 991.63 | 57.61 |

水土流失会降低土壤肥力，破坏地面完整，淤塞下游河道，破坏当地水利、交通等工程设施。

（4）基本农田。

根据对沿线国土部门的调查，基本农田占沿线耕地面积的80%以上。铁路工程选线选址应尽量选用荒地、旱地等，尽量少占基本农田。

西南山区高速铁路建设绿色化技术与工程实践

（5）国家重点保护的野生动植物现状。

渝北区植被覆盖率30%、江北区25.4%、长寿区22%、垫江县35.3%、梁平区35.3%、万州区 22%。线路沿线地处低山丘陵地区，为中亚热带温润季风气候，其植被类型分布无明显区域变化。

本项目区域范围人为开发严重，原生植被已被人工植被取代，区域内无国家重点保护的野生植物分布。铁路沿线区域内常见、分布较广的乔木主要有马尾松、杉木、柳杉、柏木、榕树等；常见的灌木主要有黄荆、马桑、算盘子、映山红、冬青、山柳等；常见的草本有五节芒、白茅、蕨、狗牙根以及人工种植的农作物水稻、玉米、红薯及各种蔬菜。

线路主要位于丘陵区和低山区，人为活动频繁。区域内无国家重点保护的野生动物集中分布。人类活动频繁地段分布的常见动物资源主要是一些家禽。其余低山丘陵路段分布有中华蟾蜍、泽蛙、黑斑蛙等两栖类动物、蜥蜴科、石龙子科爬行类动物，鹭科、杜鹃科、鹃科的鸟类以及灰麝鼩、黄喉貂、黄腹鼬、鼬獾、狗獾、猪獾、黄胸鼠、拟家鼠、褐家鼠、小家鼠等兽类。

### 3.3.2 沿线环境质量现状

（1）水环境。

沿线的河流主要是御临河、高滩河、龙溪河、兰溪河等地表水体，均属长江水系，河流水质良好，年度变化不大，水质基本满足《地表水环境质量标准》（GB 3838—2002）相应标准要求；御临河干流水体水质可满足Ⅲ类水域标准。

（2）空气环境。

沿线地区的空气环境质量级别一般为二级，其大气污染的煤烟型特征明显，首要污染物为TSP。沿线所经的长寿区、万州区等主要城市均为国家划定的"$SO_2$"控制区。这些地方的 $SO_2$ 浓度超过国家标准《环境空气质量标准》（GB 3095—1996）中二级标准要求，$SO_2$ 主要来自高硫煤的燃烧所产生的废气。

（3）声环境。

本项目主要位于农村地区及城市建成区域，受既有公路的影响距铁路外轨中心线 30 m 处满足《铁路边界噪声限值及其测量方法》（GB 12525—90）修改方案中昼/夜 70/60 dB（A）的要求，30 m 外部分区域不能满足相应功能区划的要求；振动环境距铁路外轨中心线 30 m 处及 30 m 外的铁路振动基本能满足《城市区域环境振动标准》（GB 10070—88）"铁路干线两侧"昼/夜 80/80 dB 的标准要求。

## 3.4 渝万高速铁路沿线社会经济概况

### 3.4.1 社会经济环境现状

重庆一万州段铁路沿线经过重庆市的长寿区、垫江县、梁平区及万州区。2011 年沿线吸引区主要社会经济指标详见表 3.6。

## 3 工程背景

表 3.6 沿线地区 2011 年社会经济指标

| 指 标 | 单位 | 长寿 | 垫江 | 梁平 | 万州 | 小计 |
|---|---|---|---|---|---|---|
| 面 积 | $10^4 km^2$ | 0.14 | 0.15 | 0.19 | 0.35 | 0.83 |
| 总人口 | 万人 | 75 | 72 | 71 | 152 | 370 |
| 生产总值 | 亿元 | 125 | 67 | 63 | 191 | 446 |
| 第一产业 | 亿元 | 18 | 15 | 15 | 25 | 73 |
| 第二产业 | 亿元 | 71 | 34 | 30 | 83 | 218 |
| 第三产业 | 亿元 | 37 | 18 | 18 | 83 | 156 |
| 人均生产总值 | 元 | 16 643 | 9 242 | 8 884 | 12 547 | 47 316 |
| 农业总产值 | 亿元 | 27 | 39 | 5 | 24 | 95 |
| 工业总产值 | 亿元 | 122 | 38 | 31 | 82 | 273 |
| 城镇居民人均支配收入 | 元 | 12 056 | 11 247 | 11 495 | 11 176 | 45 947 |
| 农民人均收入 | 元 | 4 158 | 3 732 | 3 563 | 3 335 | 14 788 |

自改革开放以来，沿线地区从传统的计划经济体制逐步向市场经济体制转变，国民经济持续快速健康发展，综合实力不断增强。吸引区内近几年经济发展较快，但受地理位置、自然条件、周边环境、工农业生产基础等诸多因素的影响，吸引区内各市、县经济发展状况有一定差异，就整体而言城镇好于乡村。

### 3.4.2 旅游资源

本工程沿线有风景如画的国家级东山森林公园和百里竹海，有省级旅游景点长寿湖、明月湖、双桂湖等，有怀青台、东林寺、双桂堂等自然和人文景观，另有传统的梁平灯戏、竹帘、年画等民间艺术。本工程建设有利于开发沿线旅游资源、促进沿线经济发展。

吸引区旅游产业以长江三峡为依托，呈"一轴多点"的开发格局，沿线拥有长寿湖、缙云山、青龙瀑布等著名景区。2011 年共接待国内外游客 26 826 万人次，实现旅游总收入 1661.4 亿元，对 GDP 贡献率为 11.4%。其中长江三峡和长寿湖 2011 年节假日高峰日均接待游客分别超过 10 万和 3 万人次。

随着三峡水位的提高，沿线将连同湖北宜昌一起构建以长江三峡为主轴，重庆、宜昌为两大枢纽地，万州为重要旅游进出节点的"三峡文化古迹旅游"和"三峡高峡平湖生态文化旅游"两大旅游片区，形成水陆并进、网络开发的开放式旅游空间体系。规划至 2020 年，三峡将建成世界级旅游目的地，实现接待入境游客 300 万人次，国内游客 3 亿人次，旅游总收入达到 2 000 亿元。

### 3.4.3 交通运输现状

目前沿线交通以公路为主，水运为辅。

西南山区高速铁路建设绿色化技术与工程实践

铁路：目前重庆都市区与万州仅能依赖襄渝和达万铁路绕行运输。达万铁路2011年开行客车4对，未开行直达重庆的客车；长寿一涪陵主要依托渝怀铁路，2011年开行客车13对，但大部分为长途通过客车，其中承担中短途客运633人/d，由于列车运行速度低，对沿线短途旅客基本没有吸引力。根据中长期铁路网规划，沿线规划新建渝万、渝利、宜万、郑万铁路，以及渝怀、襄渝线增建二线。

公路：沿线高速公路有渝涪、渝万和刚建成的垫忠高速公路，国省道有G319、G318和S102、S103等，重庆至长寿断面日均交通量40 433 pcu/d，单向断面客流6.65万人/d（含长江以南的S103）。长垫梁断面日均交通量16 679 pcu/d，单向断面客流2.45万人/d。规划将重点建设重庆至涪陵（江南大道）高速和涪陵一丰都一忠县一万州一城口高速公路。

水路：沿线水运主要依靠长江，承担长江旅游客运及沿江货运，受通航条件和通达性所限，发展空间不大。根据重庆市综合交通规划，规划重点建设主城枢纽港区、涪陵枢纽港区和万州枢纽港区，新增港口吞吐能力$4\ 000 \times 10^4$ t，四级及以上航道所占比重达到37.7%。

航空：沿线有重庆江北、万州五桥机场，2011年江北机场吞吐量1 035万人次。重庆与万州间航空距离太短，没有开通航班。2020年江北机场规划建设3条跑道和T3航站楼，规划旅客年吞吐能力3 500万人次，货邮年吞吐能力$90 \times 10^4$ t。

# 4 渝万高速铁路建设对生态环境的影响分析

## 4.1 环境敏感区

渝万高速铁路沿线依次穿越了2个森林公园，即玉峰山森林公园（重庆市级）、东山森林公园（国家级）；2处风景名胜区，即长寿湖风景名胜区（重庆市级）、明月山风景名胜区（重庆市级）。

### 4.1.1 工程对玉峰山森林公园影响分析

玉峰山重庆市级森林公园，位于重庆市渝北区东部的玉峰山林场，距两路镇东南28 km，面积约为23.59 $km^2$，包括玉峰山国有林场旱土工区、玉峰山镇玉峰山村以及石坪镇香溪村、龙门村的部分土地，东邻渝北区龙兴镇及江北区鱼嘴镇，西至石坪镇朝阳河东岸，南接江北区铁山坪林场及唐家沱镇，北抵玉峰山林场狮子桥，海拔270~700 m。玉峰山森林公园国家森林覆盖面积蓄达12 $km^2$，是目前重庆近郊覆盖面积最大、植被保护最好的森林公园之一。

渝万高速铁路在D1K15+271~D1K18+691于在建渝利铁路左侧60 m外穿越森林公园景观保护区、景观培育区及一般保护区，穿越总长3.42 km，其中桥梁约315 m，路基约280 m，隧道约2.825 km，详见表4.1。

表4.1 渝万铁路在森林公园内工程统计

| 工程形式 | 起止里程 长度/m | 涉及功能区 | 保护规划 | 备 注 |
|---|---|---|---|---|
| 路基 | D1K15+271~D1K15+406 135 | 综合服务区西区 | 一般保护区 | |
| 冯家院子 大桥 | D1K15+406~D1K15+613 207 | 综合服务区西区 | 一般保护区 | |
| 路基 | D1K15+613~D1K15+746 133 | 综合服务区西区 | 一般保护区 | |
| 胡豆堡 中桥 | D1K15+746~D1K15+854 108 | 综合服务区西区 | 一般保护区 | |
| 路基 | D1K15+854~D1K15+866 12 | 森林景观带 | 森林景观培育区 | |
| 玉峰山 隧道 | D1K15+866~D1K18+691 2 825 | 森林景观带 | 森林景观培育区 森林景观保护区 | 隧道进口位于一般保护区，出口位于森林公园范围外，隧道施工无地表辅助工程 |

西南山区高速铁路建设绿色化技术与工程实践

工程在森林公园内的施工便道大部分利用既有道路，新建和扩建部分施工便道。森林公园范围内未设置弃渣场，玉峰山隧道弃渣弃于森林公园1 km以外的缓坡上。

**1. 工程对公园景观影响分析**

渝万高速铁路沿渝利铁路行进，最大限度地减小了对公园的分割。对照公园规划资料，路基和桥梁段所处的区域属于森林公园的三水坝景区，位于山岭底部，三水坝景区植被类型基本上是以农田为主。景区的景点集中在玉峰山山岭上的森林景观区，游客主要在有景点处游览，而渝万铁路经过的路基段属于森林公园的三水坝景区，位于山岭底部，植被类型基本上是以农田为主。穿越森林景观区为隧道，因此工程建设不会对游客所需要游览的景观产生实质性影响。

三水坝水库目前尚未修建，从在建渝利铁路修建情况看，也并未对枫叶湖水库水体景观产生影响。因此本工程修建对景观影响较小。

**2. 工程对占地的影响分析**

渝万高速铁路沿渝利铁路行进，铁路工程永久占地为路基、桥墩及隧道洞口占地，占地面积约为1.82 $hm^2$，占森林公园总面积的0.04%；临时用地主要为部分施工便道及施工场地、营地用地，占地面积约为0.5 $hm^2$。可见，工程占地对森林公园的土地利用格局的影响很小（表4.2）。

表4.2 工程在玉峰山森林公园内的占地面积      单位：$hm^2$

| 占地 | 林草地 | 水田 | 旱地 | 居民或厂矿用地 | 合 计 |
|---|---|---|---|---|---|
| 永久用地 | 0.1 | 0.12 | 1.3 | 0.3 | 1.82 |
| 临时用地 | 0.12 | 0.08 | 0.24 | 0.06 | 0.50 |
| 合计 | 0.22 | 0.20 | 1.54 | 0.36 | 2.32 |

**3. 工程对植被、动物的影响分析**

渝万高速铁路穿越公园地段出露地表地段目前为农业村镇用地，未穿越森林植被密集区，主要为水田、旱地及少量灌木林地，根据现场调查，工程出露部分无野生珍稀植物分布。工程沿渝利铁路走廊行进，对野生动物的阻隔及生态环境影响较小。

**4. 工程对公园内居民影响分析**

玉峰山隧道施工造成隧道顶部个别泉眼水量减少或干涸，渝万高速铁路沿渝利铁路通道行进，存在一定的地下水漏失风险。但是，由于位于隧道上方的玉峰山村2009年已建成自来水管网系统，自来水由复盛镇东渝水厂供给，取水源为长江。因此，隧道修建对洞顶局面影响较小。

**5. 工程对旅游、资源设施的影响分析**

渝万高速铁路沿渝利铁路修建，且主要以隧道形式通过，位于山上主要景点，本工程不可见，对森林公园旅游景观影响较小。渝万铁路开通运营后，公园吸引游客范围扩大，对本公园的旅游业有带动及促进作用。

## 4.1.2 工程对长寿湖风景名胜区影响分析

长寿湖风景名胜区地跨长寿区和垫江县，总面积达 266.73 $km^2$。在长寿湖景区内，"湖、岛、山"山水风光如画，自然和人文景观协调统一，更有西南地区最大的人工湖泊——长寿湖，具有垄断性及稀缺性，是风景区内核心景观。加之风景区内生态环境良好，集旅游观光、休闲度假为一体，为重庆市级风景名胜区。

渝万高速铁路在 DK99+000~DK100+600 段以路基及桥梁形式穿越长寿湖风景名胜区三级保护区的田园风光景区，穿越总长 1.6 km，其中桥梁约 1.136 km，路基约 0.464 km(详见表 4.3)。

表 4.3 渝万铁路在风景区内工程统计

| 工程形式 | 起止里程<br>长度/m | 涉及功能区 | 所在保护区类别 | 所在保护区级别 |
|---|---|---|---|---|
| 新湾大桥 | DK99+000~DK99+315<br>315 | 田园风光景区 | 风景恢复区 | 三级保护区 |
| 路　基 | DK99+315~DK99+571<br>256 | 田园风光景区 | 风景恢复区 | 三级保护区 |
| 陈家桥特大桥 | DK99+571~DK100+392<br>821 | 田园风光景区 | 风景恢复区 | 三级保护区 |
| 路　基 | DK100+392~DK100+600<br>208 | 田园风光景区 | 风景恢复区 | 三级保护区 |

工程在风景名胜区内的施工便道大部分利用既有道路，新建和扩建部分施工便道。

1. 工程对风景区景观影响分析

渝万高速铁路以路基及桥梁形式穿越长寿湖风景名胜区的风景恢复区，即田园风光景区。田园风光景区内仅有一处四级景点，为沙石镇田园风光景点，线路距离该景点的距离约为 7.9 km，其余景区均位于水上动感景区和生态林地景区内，线路距离其余景区均在至少 10 km 外。线路大体上沿既有渝万高速公路行进，且沿风景区西北角边界敷设，最大程度地减少了对景区的分割，且风景区总体规划已在渝万高速公路廊道右侧为渝万铁路预留了通道。因此，工程不会对景区景点、景物产生影响（图 4.1）。

图 4.1 田园风景区

## 2. 工程对占地的影响分析

渝万高速铁路在风景名胜区内永久占地为路基、桥墩占地，占地面积约为 4.3 $km^2$，占风景名胜区总面积的 0.001%；临时用地主要为部分施工便道及施工场地、营地用地，占地面积约为 0.5 $km^2$（详见表 4.4）。可见，工程占地对风景名胜区的土地利用格局的影响很小。

表 4.4 工程在长寿湖风景名胜区的占地面积 单位：$km^2$

| 占地 | 林草地 | 水田 | 旱地 | 居民用地 | 合计 |
|---|---|---|---|---|---|
| 永久用地 | 1.2 | 0.7 | 2.0 | 0.4 | 4.3 |
| 临时用地 | 0.15 | 0.05 | 0.26 | 0.04 | 0.50 |
| 合计 | 1.35 | 0.75 | 2.26 | 0.44 | 4.80 |

## 3. 工程对居民生活环境影响分析

渝万高速铁路建设及运营对村寨生活环境影响主要来自噪声、振动、施工粉尘和电磁等方面产生的影响，由于线路沿既有渝万高速公路通道穿越风景名胜区范围，因此对于风景名胜区内线路两侧村寨影响较小。

## 4. 工程对旅游资源、设施的影响分析

渝万高速铁路位于风景恢复区，距离游览主要景点很远，工程对大部分主要游览线路无影响。随着渝万高速铁路开通，风景名胜区吸引游客的范围进一步扩大，对景区的旅游业起到了带动和促进作用。

## 4.1.3 工程对垫江明月山风景名胜区影响分析

明月山风景名胜区位于垫江县西部太平、五洞、新民、桂溪等镇境内，共涉及 4 镇 24 个村，2002 年被批准为重庆市级风景名胜区。风景区总面积 118.10 $km^2$。

渝万高速铁路在 DK118+500~DK122+900 段于太平镇南侧穿越风景名胜区的生态农业用地区，穿越总长 4.4 km，其中桥梁约 4.2 km，路基约 0.2 km（详见表 4.5）。

表 4.5 渝万铁路在风景区内工程统计

| 工程形式 | 起止里程 长度/m | 涉及功能区 | 所在保护区类别 |
|---|---|---|---|
| 路基 | DK118+500~DK118+546 46 | 生态农业区 | 外围保护区 |
| 岸山坡特大桥 | DK118+546~DK119+326 780 | 生态农业区 | 外围保护区发展控制区 |
| 路基 | DK119+326~DK119+389 63 | 生态农业区 | 发展控制区 |
| 学堂坡特大桥 | DK119+389~DK119+980 591 | 生态农业区 | 发展控制区 |
| 路基 | DK119+980~DK120+070 90 | 生态农业区 | 发展控制区 |
| 垫邻高速特大桥 | DK120+070~DK122+900 2830 | 生态农业区 | 发展控制区外围保护区 |

工程在明月山风景名胜区内的施工便道大部分利用既有道路，新建和扩建部分施工便道。

1. 工程对风景区景观影响分析

渝万高速铁路以路基及桥梁形式穿越明月山风景名胜区发展控制区及外围保护地带，即生态农业园区。线路大体上沿既有渝万高速公路行进，减少了对景区的分割；风景名胜区内主要景点基本位于线路北侧 3 km 外明月山体中，加之山林及地形的阻隔，线路不可见。线路所经地段为一般村寨区，本工程通过的生态农业园区中唯一景点为太平镇的陈居驸马与公主合葬坟（三级景点），线路距离该景点 1.5 km，且全部以地面工程通过景区。因此，工程建设不会对景区景点、景物产生影响（图 4.2）。

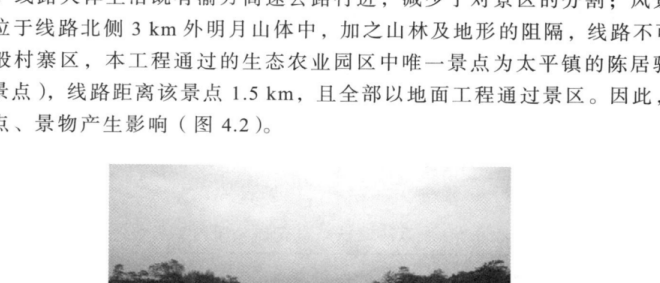

图 4.2 生态农业区

2. 工程对占地的影响分析

渝万高速铁路在风景名胜景区内永久占地为路基、桥墩占地，占地面积约为 5.6 $hm^2$，占风景名胜区总面积的 0.002%；临时用地主要为部分施工便道及施工场地、营地用地，占地面积约为 1.0 $hm^2$（表 4.6）。可见，工程占地对风景名胜区的土地利用格局的影响很小。

表 4.6 工程在明月山风景名胜区的占地面积 单位：$km^2$

| 占地 | 林草地 | 水田 | 旱地 | 居民用地 | 合计 |
|---|---|---|---|---|---|
| 永久用地 | 1.4 | 0.2 | 2.8 | 0.2 | 4.60 |
| 临时用地 | 0.32 | 0.08 | 0.45 | 0.05 | 1.00 |
| 合计 | 1.72 | 0.28 | 3.25 | 0.25 | 5.60 |

3. 工程对居民生活环境影响分析

渝万高速铁路建设及运营对村寨生活环境影响主要来自于噪声、振动、施工粉尘和电磁等方面产生的影响，由于线路沿既有渝万高速公路通道穿越风景名胜区范围，因此对于风景名胜区内线路两侧村寨影响较小。

4. 工程对旅游资源、设施的影响分析

该景区的主入口位于线路北侧约 2 km 处，次入口位于线路南侧约 3 km，游客由主、次入口进入后在风景游赏区等区域内游览。本工程位于发展控制区，距离游览主要景点较远，工

程对大部分主要游览线路无影响。

渝万高速铁路开通运营后，风景名胜区吸引游客范围扩大，对景区的旅游业起到了带动和促进作用。

## 4.1.4 工程对梁平东山国家森林公园环境影响分析

东山森林公园位于重庆市东北部，梁平区南，距梁平区城区 3.5 km。公园占地 10 $km^2$，2001 年 10 月被国家林业局批准为国家森林公园。

渝万高速铁路线路在 DK 179+720~DK 183+660 以路基、桥梁及隧道形式沿既有渝万高速公路通道穿越森林公园村寨区及水寨区，并设有梁平南站，穿越总长 3.94 km，其中桥梁约 1.263 km，路基约 2.462 m，隧道约 0.215 km，详见表 4.7。

表 4.7 渝万高速铁路在森林公园内工程统计

| 工程形式 | 起止里程 长度/m | 涉及区域 |
| --- | --- | --- |
| 石朝门特大桥 | DK179+720~DK180+416 696 | 村寨区 |
| 路 基 | DK180+416~DK181+129 713 | 村寨区 |
| 张星桥水库特大桥 | DK181+129~DK181+695 566 | 村寨区 水寨区 |
| 路 基 | DK181+695~DK181+900 205 | 水寨区 村寨区 |
| 梁平站 | DK182+818（中心里程） | 村寨区 |
| 路 基 | DK183+043~DK183+445 402 | 村寨区 |
| 土地垭隧道 | DK 183+445~DK183+660 215 | 村寨区 |

工程在东山森林公园内的施工便道大部分利用既有道路。

1. 工程对公园景观影响分析

渝万高速铁路以路基、桥梁及隧道的形式沿既有高速公路通道穿越森林公园，工程所经村寨区及水寨区功能以观光游览、休闲度假、疗养健身及休闲娱乐为主。线路距离双桂岛寨 1 km 外，工程不会对其产生影响；线路与百艺寨相距 430 m，百艺寨为一般村寨景观，其现状为一般村落，工程基本不会对该景观产生影响。

2. 工程对占地环境影响分析

渝万高速铁路沿渝利铁路行进，铁路工程永久占地为路基、桥墩及隧道洞口占地，占地面积约为 16.73 $hm^2$，占森林公园总面积的 0.16%；临时用地主要为部分施工便道及施工场地、营地用地，占地面积约为 1.40 $km^2$（表 4.8）。

由表 4.8 可见，工程占地对森林公园的土地利用格局的影响很小。

## 4 渝万高速铁路建设对生态环境的影响分析

表 4.8 工程在东山森林公园内的占地面积      单位：$km^2$

| 占地 | 林草地 | 水田 | 旱地 | 居民或厂矿用地 | 合计 |
|---|---|---|---|---|---|
| 永久用地 | 2.0 | 4.6 | 7.7 | 2.43 | 16.73 |
| 临时用地 | 0.22 | 0.08 | 0.94 | 0.16 | 1.40 |
| 合计 | 2.22 | 4.68 | 8.64 | 2.59 | 18.13 |

3. 工程对植被、动物的影响分析

渝万高速铁路穿越公园地段目前为农业村镇用地，未穿越森林植被密集区，主要为水田、旱地及少量灌木林地，根据现场调查工程出露部分无野生珍稀植物分布。工程沿既有渝万高速公路走廊行进，区域内人为开发严重，工程对野生动物的阻隔及生态环境影响较小。

4. 工程对旅游资源、设施的影响分析

该森林公园目前尚未开发完成配套的旅游设施，仅张星桥水库作为娱乐休闲度假场所。但是，渝万高速铁路开通运营后，公园吸引游客范围扩大，对景区的旅游业有带动及促进作用。

## 4.2 土地资源

1. 工程占地对沿线土地利用的影响分析

渝万高速铁路约 72% 为桥梁和隧道，大大减少了对土地资源的占用。工程总用地 1 250.17 $hm^2$，其中永久用地 618.52 $hm^2$，主要是路基和站场用地；临时用地 631.65 $hm^2$，主要为弃土场、施工便道等用地，工程永久征用土地改变了原有土地功能，详见表 4.9。

渝万高速铁路占地使铁路沿线土地利用现状发生改变，其中永久占地包括路基铺设、施工便道（多数与铁路沿线村寨相连，在施工完成后通常作为当地村寨交通道路）等，使原有土地利用类型变为交通建设用地。工程永久占用耕地面积 442.4 $hm^2$，占线路影响范围内耕地总面积的 0.36%。

表 4.9 工程占用土地统计      单位：$hm^2$

| 州/市县 | 征用类别 | 耕 地 | | | 园地 | 林地 | 宅 地 | 水域及水利设施用地 | 其他用地 |
|---|---|---|---|---|---|---|---|---|---|
| | | 水田 | 旱地 | 菜地 | | | | 水塘 | 空闲地 |
| 江北区 | 永久 | 5.66 | 14.59 | 2.08 | 3.03 | 7.35 | 6.61 | 0.99 | 3.15 |
| | 临时 | 3.03 | 16.67 | — | — | 13.23 | — | — | 0.92 |
| 渝北区 | 永久 | 12.34 | 22.43 | 3.36 | 2.63 | 8.77 | 3.01 | 0.55 | 2.28 |
| | 临时 | 11.50 | 49.08 | — | — | 14.77 | — | — | 4.68 |
| 长寿区 | 永久 | 40.05 | 67.77 | 8.79 | 5.44 | 27.97 | 7.74 | — | 9.12 |
| | 临时 | 20.92 | 77.13 | 0.80 | — | 26.08 | — | — | 8.24 |
| 垫江县 | 永久 | 31.39 | 52.53 | 5.28 | 3.67 | 16.30 | 4.78 | — | 4.99 |
| | 临时 | 16.49 | 60.50 | — | — | 12.74 | — | — | 4.47 |

西南山区高速铁路建设绿色化技术与工程实践

续表

| 州/市县 | 征用类别 | 耕 地 | | | 园地 | 林地 | 宅 地 | 水域及水利设施用地 | 其他用地 |
|---|---|---|---|---|---|---|---|---|---|
| | | 水田 | 旱地 | 菜地 | | | | 水塘 | 空闲地 |
| 梁平区 | 永久 | 37.41 | 68.72 | 5.60 | 3.81 | 16.83 | 9.17 | — | 3.41 |
| | 临时 | 23.40 | 70.98 | — | — | 21.72 | — | — | 7.18 |
| 万州区 | 永久 | 16.28 | 43.20 | 4.93 | 4.14 | 14.85 | 19.81 | — | 3.71 |
| | 临时 | 16.30 | 101.72 | 3.90 | — | 24.88 | — | — | 20.33 |
| 合计 | 永久 | 143.13 | 269.24 | 30.04 | 22.72 | 92.07 | 51.12 | 1.54 | 26.66 |
| | 临时 | 91.64 | 376.08 | 4.70 | — | 113.42 | — | — | 45.82 |

临时用地主要是路面及桥梁构造物的施工场地、取土场等临时工程的占地，采用覆土绿化等生态恢复措施减小影响，预计在通车后3~5年时间可完全恢复原有的土地类型。因此，本项目施工占地对该沿线土地利用现状有一定程度的影响，但不会对整体构成产生决定性的改变。从保护生态的角度出发，对临时占地地表栽种乔木、灌木等进行植被恢复，减少工程对植被覆盖率的影响，并利于水土保持。

2. 工程占地对农业生产的影响分析

由于渝万高速铁路建设为永久占用农田，从而导致对基本农田粮食生产的减少，工程占用水田 237.77 $hm^2$，占用旱地 680.04 $hm^2$，农田生物量减少 9203 t/a，占本评价区域原有基本农田生物量的 0.07%，其影响相对较小，但是在工程建设施工过程中特别注重农田的保护，在对临时占地的生态恢复上，尽可能采取覆土、复垦方式恢复基本农田面积，使该类影响降到更低。

## 4.3 水土保持

渝万高速铁路建设对当地水土流失的影响主要是在施工期由工程施工引起的，造成水土流失的主要原因有以下几方面。

### 4.3.1 施工期水土流失成因分析

1. 主体工程占地区水土流失

（1）路基、站场工程。

渝万高速铁路占地以路基和站场工程为主。路基基床和边坡的开挖将改变、压埋或损坏原有植被、地貌，改变原有土地的水土保持功能，使铁路征地范围内的表层土裸露或形成松散堆积体，失去原有植被的防冲、固土能力，形成的边坡若不加以防护容易产生冲刷、坍塌、斜体滑动等现象，增加新的水土流失。站场场地平整也破坏了原地表植被和地貌状态，损坏了原地表的抗冲刷能力。

（2）桥涵工程。

桥梁工程在修筑过程中，桥墩的开挖会产生一定的弃方，若对弃方不加以防护，特别是在雨季，弃方将直接进入河流中，造成水土流失。同时，涵渠工程在修筑过程中必将开挖，造成弃方，容易导致水土流失。桥涵工程可能引起河流上下游局部水位变化，改变地表水汇集、排放条件，产生局部的冲刷、淤积。

（3）隧道工程。

隧道工程施工时，隧洞洞门将占用土地，破坏原生地表。另外，隧道洞口边仰坡的开挖，由于受风力、降水等自然因素作用，容易产生水土流失。

2. 弃渣场水土流失

渝万高速铁路土石方移挖作填及纳入地方处置后仍将产生大量弃渣，弃渣体在防护之前，由于结构疏松、孔隙大、地表无植被防护，遇暴雨或上游汇水下泄时，易造成严重的冲沟侵蚀。随意堆放的弃渣体坡面容易失稳，加上不停扰动，遇暴雨后容易受到雨水冲刷而形成水土流失。弃渣场需要占用耕地、林地、荒地等。林地、耕地也属水土保持设施，弃渣堆置将损坏这些水保设施，裸露的渣体也将会产生水土流失。

根据现场调查，本线沿线大部分地区为中低山丘陵地貌，线路两侧 500 m 范围内的土地多为林地和耕地，渣场的设置将不可避免地占用一部分林地和耕地。在实际选择渣场时应考虑少占用良田，无法避免时则尽量占用低产田地。同时受地形条件的限制，在选取渣场较为困难的条件下也考虑设置部分远运弃渣场。

3. 临时工程占地区水土流失

（1）施工便道。

渝万高速铁路位于重庆市境内，交通较发达，临时工程施工便道部分可以利用既有公路及乡村道路，本工程需新建施工便道 90.42 km，改扩建便道 107.81 km，利用地方既有道路 165.93 km，路基和边坡的开挖将改变、压埋或损坏原有植被、地貌，对原有土地的水保功能造成损坏，产生一定的水土流失。

（2）施工场地占地区水土流失。

渝万高速铁路施工场地包括临时材料厂、制梁场、铺轨基地及临时生产、生活房屋等为主体工程施工服务的设施。本工程施工工期为 4 年，在使用期限内，临时工程占用土地，扰动地表，破坏地表植被，改变土地使用功能，使场地硬化，从而对原有土地的水保功能及周围环境造成一定程度的影响和破坏。

施工场地造成水土流失，其水土流失影响主要集中在施工准备期和工程建设期，水土流失过程主要发生在占地开挖、平整与拆除回填阶段。工程施工准备期，水土流失主要由水电供应系统、砂石料加工系统、混凝土搅拌系统、生活房屋等建筑修建过程中的开挖活动引起；工程建设期间，地表被建筑物或施工设施占压，水土流失轻微。在地面建筑物修建完毕后，临时建筑物的拆除、场地平整等施工活动将带来新的水土流失。

但是随着主体工程的竣工，施工场地的使用功能也逐步消失，予以拆除后，采取土地复耕或植被恢复措施，其水土流失的影响因子也将得到控制和消除。

## 4.3.2 营运期水土流失成因分析

渝万高速铁路铺轨以后，边坡多采用浆砌片石挡墙、排水沟等工程措施对路基进行防护，铁路路基面向两侧设 4%的横向排水坡，因此营运期路面、边坡等基本不会产生新的水土流失。

西南山区高速铁路建设绿色化技术与工程实践

在营运初期，由于一些水保工程的功能尚未发挥，如植物处于幼苗阶段等，雨水的冲刷还会产生少量的水土流失，但随着水保工程功能的日益完善，坡面植被形成、水土流失将会逐渐减缓。

## 4.4 噪 声

渝万高速铁路建设对噪声的影响主要分为施工期产生的噪声影响和运营期动车运行产生的噪声影响两种情况。

### 4.4.1 施工期噪声影响分析

施工期产生噪声污染源，主要有三方面，即：

（1）施工现场的各类机械设备，包括装载机、挖掘机、推土机、混凝土搅拌机、重型吊机等，是最主要的施工噪声源。

（2）工程范围内既有建筑拆除和新建构筑物施工过程中产生的施工噪声。

（3）大型临时施工设施在生产作业过程中向外辐射噪声。其中以敲击碰撞等间歇性噪声为主，兼有吊车、混凝土搅拌机、内动机具等设备噪声。

### 4.4.2 运营期噪声影响分析

渝万高速铁路开通运营后，噪声污染源主要由列车运行时轮轨接触摩擦产生，对沿线线路两侧居民生活带来了一定影响。通过现场调查分析，全线声环境敏感点共有 129 处，其中居民区 122 处、学校 7 所。现场声环境敏感点噪声现状监测结果具体见表 4.10。对噪声超标处，根据房屋分布情况采取拆迁或功能置换，或者声屏障、隔声窗等降噪措施。

## 4.5 振 动

渝万高速铁路建设对噪声的影响主要分为施工期产生的振动影响和运营期动车运行产生的振动影响两种情况。

### 4.5.1 施工期振动影响分析

施工期振动影响主要表现为挖掘机、推土机、压路机、钻孔·灌浆机、空压机、风镐以及重型运输车辆等施工机械在施工期对施工场地附近敏感点产生的振动影响，以及由于隧道施工对隧道上部敏感建筑的影响。

### 4.5.2 运营期振动影响分析

渝万高速铁路开通运营后，振动主要为列车运行时的振动，对沿线线路两侧居民生活带来了一定影响。通过现场调查分析，全线共有振动环境敏感点 126 处，其中居民区 124 处、学校 2 所。现场声环境敏感点噪声现状监测结果具体见表 4.11。

表 4.10 敏感点声环境现状监测结果

| 序号 | 敏感点名称 | 线路里程 | 测点编号 | 测点位置 | 工程形式 | 距离/m | 高差/m | 环境现状噪声/dB 昼 | 环境现状噪声/dB 夜 | 标准值/dB 昼 | 标准值/dB 夜 | 超标量/dB 昼 | 超标量/dB 夜 | 主要噪声源 |
|---|---|---|---|---|---|---|---|---|---|---|---|---|---|---|
| 1 | 兰溪小区 | ZYLDK1+430-ZYLDK1+800 | N1-1 | 第一排居民房1层(铁路边界处) | 路堤、桥梁 | 30 | -3.4 | 63.5 | 54.5 | 60 | 50 | 3.5 | 4.5 | 社会生活 |
| | | | N1-2 | (铁路边界外) | 路堤、桥梁 | 30 | -9.4 | 63.7 | 55.1 | 60 | 50 | 3.7 | 5.1 | 社会生活 |
| | | | N1-3 | 第一排居民房3层 | 路堤、桥梁 | 30 | -21 | 63.9 | 55.3 | 60 | 50 | 3.9 | 5.3 | 噪声、交通 |
| | | | N1-4 | 后排居民房7层 | 路堤、桥梁 | 94 | -21 | 60.4 | 51.2 | 60 | 50 | 0.4 | 1.2 | 噪声、交通 |
| 2 | 华明桥 | D1K11+260-D1K11+500 | N2-1 | 第一排居民房 | 桥梁 | 9 | 11.9 | 49.3 | 42.5 | 60 | 50 | 达标 | 达标 | 社会生活 |
| | | | N2-2 | 铁路边界处 | 桥梁 | 30 | 11.9 | 49.3 | 42.5 | 60 | 50 | 达标 | 达标 | 噪声 |
| | | | N2-3 | 居民房前 | 桥梁 | 45 | 11.9 | 49.3 | 42.5 | 60 | 50 | 达标 | 达标 | 社会生活 |
| | | | N2-4 | 居民房前 | 桥梁 | 60 | 11.9 | 49.3 | 42.5 | 60 | 50 | 达标 | 达标 | 噪声 |
| 3 | 杠上 | D1K14+000-D1K14+400 | N3-1 | 第一排居民房 | 桥梁 | 30 | 9.16 | 47.5 | 42.3 | 60 | 50 | 达标 | 达标 | 社会生活 |
| | | | N3-2 | 铁路边界处 | 桥梁 | 45 | 9.16 | 47.5 | 42.3 | 60 | 50 | 达标 | 达标 | 噪声 |
| | | | N3-3 | 居民房界处 | 桥梁 | 60 | 9.16 | 47.5 | 42.3 | 60 | 50 | 达标 | 达标 | 社会生活 |
| | | | N3-4 | 居民房前 | 桥梁 | 30 | 32.9 | 47.5 | 42.3 | 60 | 50 | 达标 | 达标 | 噪声 |
| 4 | 新房子 | D1K14+950-D1K15+100 | N4-1 | 居民房前 | 桥梁 | 42 | 18.7 | 50.2 | 48.2 | 60 | 50 | 达标 | 达标 | 社会生活 |
| | | | N4-2 | 铁路边界外 | 桥梁 | 60 | 18.7 | 50.2 | 48.2 | 60 | 50 | 达标 | 达标 | 噪声 |
| | | | N4-3 | 第一排居民房 | 桥梁 | 13 | 10.6 | 50.2 | 48.2 | 60 | 50 | 达标 | 达标 | 社会生活 |
| 5 | 胡家沟 | D1K19+350-D1K19+550 | N5-1 | 居民房前 | 桥梁 | 13 | 18.7 | 48.8 | 42.3 | 60 | 50 | 达标 | 达标 | 社会生活 |
| | | | N5-2 | 铁路边界处 | 桥梁 | 30 | 18.7 | 48.8 | 42.3 | 60 | 50 | 达标 | 达标 | 噪声 |
| | | | N5-3 | 居民房前 | 桥梁 | 45 | 18.7 | 48.8 | 42.3 | 60 | 50 | 达标 | 达标 | 社会生活 |
| | | | N5-4 | 居民房前 | 桥梁 | 60 | 18.7 | 48.8 | 42.3 | 60 | 50 | 达标 | 达标 | 噪声 |
| 6 | 双溪村（双溪公租房） | D1K20+930-D1K21+270 | N6-1 | 铁路边界处 | 桥梁 | 30 | 10.6 | 53.8 | 44.4 | 60 | 50 | 达标 | 达标 | 社会生活 |
| | | | N6-2 | 居民房1层 | 桥梁 | 40 | 10.6 | 53.8 | 44.4 | 60 | 50 | 达标 | 达标 | 噪声 |

续表

| 序号 | 敏感点名称 | 线路里程 | 测点编号 | 测点位置 | 工程形式 | 距离/m | 高差 | 环境现状噪声/dB 昼 | 环境现状噪声/dB 夜 | 标准值/dB 昼 | 标准值/dB 夜 | 超标量/dB 昼 | 超标量/dB 夜 | 主要噪声源 |
|---|---|---|---|---|---|---|---|---|---|---|---|---|---|---|
| 6 | 双溪村（双溪公租房） | DIK20+930-DIK21+270 | N6-3 | 居民房5层 | 桥梁 | 40 | -1.4 | 53.8 | 44.4 | 60 | 50 | 达标 | 达标 | 社会生活噪声 |
|  |  |  | N6-4 | 后排居民房1层 | 桥梁 | 76 | 10.6 | 53.8 | 44.4 | 60 | 50 | 达标 | 达标 |  |
|  |  |  | N6-5 | 后排居民房5层 | 桥梁 | 76 | -1.4 | 53.8 | 44.4 | 60 | 50 | 达标 | 达标 |  |
|  |  |  | N6-6 | 双溪公租房1层 | 桥梁 | 75 | -2.1 | 53.8 | 44.4 | 60 | 50 | 达标 | 达标 |  |
|  |  |  | N6-7 | 双溪公租房10层 | 桥梁 | 75 | -29 | 53.8 | 44.4 | 60 | 50 | 达标 | 达标 |  |
|  |  |  | N6-8 | 双溪公租房20层 | 桥梁 | 75 | -56 | 53.8 | 44.4 | 60 | 50 | 达标 | 达标 |  |
|  |  |  | N6-9 | 双溪公租房30层 | 桥梁 | 75 | -83 | 53.8 | 44.4 | 60 | 50 | 达标 | 达标 |  |
| 7 | 新碗湾 | DIK26+250-DIK26+600 | N7-1 | 第一排居民房 | 路堑 | 21 | -3.4 | 48.2 | 42.1 | 60 | 50 | 达标 | 达标 | 社会生活噪声 |
|  |  |  | N7-2 | 铁路边界处 | 路堑 | 30 | -3.4 | 48.2 | 42.1 | 60 | 50 | 达标 | 达标 |  |
|  |  |  | N7-3 | 居民房前 | 路堑 | 45 | -3.4 | 48.2 | 42.1 | 60 | 50 | 达标 | 达标 |  |
|  |  |  | N7-4 | 居民房前 | 路堑 | 60 | -3.4 | 48.2 | 42.1 | 60 | 50 | 达标 | 达标 |  |
| 8 | 老井 | DIK27+200-DIK27+900 | N8-1 | 居民房前 | 路堑 | 13 | 1 | 50.2 | 42.0 | 60 | 50 | 达标 | 达标 | 社会生活噪声 |
|  |  |  | N8-2 | 铁路边界处 | 路堑、桥梁 | 30 | 1 | 50.2 | 42.0 | 60 | 50 | 达标 | 达标 |  |
|  |  |  | N8-3 | 居民房前 | 路堑、桥梁 | 45 | 1 | 50.2 | 42.0 | 60 | 50 | 达标 | 达标 |  |
|  |  |  | N8-4 | 居民房前 | 路堑、桥梁 | 60 | 1 | 50.2 | 42.0 | 60 | 50 | 达标 | 达标 |  |
| 9 | 小屋基 | DIK28+850-DIK29+500 | N9-1 | 居民房前 | 路堑、桥梁 | 25 | 18.5 | 48.6 | 41.9 | 60 | 50 | 达标 | 达标 | 社会生活噪声 |
|  |  |  | N9-2 | 铁路边界处 | 桥梁 | 30 | 18.5 | 48.6 | 41.9 | 60 | 50 | 达标 | 达标 |  |
|  |  |  | N9-3 | 居民房前 | 桥梁 | 45 | 18.5 | 48.6 | 41.9 | 60 | 50 | 达标 | 达标 |  |
|  |  |  | N9-4 | 居民房前 | 桥梁 | 60 | 18.5 | 48.6 | 41.9 | 60 | 50 | 达标 | 达标 |  |
| 10 | 陈家沟 | DIK35+050-DIK35+300 | N10-1 | 第一排居民房 | 桥梁 | 10 | 16.1 | 48.5 | 41.3 | 60 | 50 | 达标 | 达标 | 社会生活噪声 |
|  |  |  | N10-2 | 铁路边界处 | 桥梁 | 30 | 16.1 | 48.5 | 41.3 | 60 | 50 | 达标 | 达标 |  |
|  |  |  | N10-3 | 居民房前 | 桥梁 | 45 | 16.1 | 48.5 | 41.3 | 60 | 50 | 达标 | 达标 |  |

## 4 渝万高速铁路建设对生态环境的影响分析

续表

| 序号 | 声敏感点名称 | 线路里程 | 测点编号 | 测点位置 | 工程形式 | 距离 | 高差 | 环境现状噪声/dB 昼 | 环境现状噪声/dB 夜 | 标准值/dB 昼 | 标准值/dB 夜 | 超标量/dB 昼 | 超标量/dB 夜 | 主要噪声源 |
|---|---|---|---|---|---|---|---|---|---|---|---|---|---|---|
| 10 | 陈家湾 | D1K35+050~D1K35+300 | N10-4 | 居民房前 | 桥梁 | 60 | 16.1 | 48.5 | 41.3 | 60 | 50 | 达标 | 达标 | 社会生活噪声 |
| 11 | 胡家院子 | D1K35+800~D1K42+100 | N11-1 | 第一排居民房 | 桥梁 | 13 | 13.2 | 48.7 | 41.6 | 60 | 50 | 达标 | 达标 | 社会生活噪声 |
|  |  |  | N11-2 | 线路边界处 | 桥梁 | 30 | 13.2 | 48.7 | 41.6 | 60 | 50 | 达标 | 达标 |  |
|  |  |  | N11-3 | 居民房前 | 桥梁 | 45 | 13.2 | 48.7 | 41.6 | 60 | 50 | 达标 | 达标 | 社会生活噪声 |
|  |  |  | N11-4 | 居民房前 | 桥梁 | 60 | 13.2 | 48.7 | 41.6 | 60 | 50 | 达标 | 达标 | 噪声 |
| 12 | 焦家坝 | D1K38+000~D1K38+300 | N12-1 | 第一排居民房 | 桥梁 | 24 | 30.8 | 47.7 | 40.9 | 60 | 50 | 达标 | 达标 | 社会生活噪声 |
|  |  |  | N12-2 | 线路边界处 | 桥梁 | 30 | 30.8 | 47.7 | 40.9 | 60 | 50 | 达标 | 达标 |  |
|  |  |  | N12-3 | 居民房前 | 桥梁 | 40 | 30.8 | 47.7 | 40.9 | 60 | 50 | 达标 | 达标 | 社会生活噪声 |
|  |  |  | N12-4 | 居民房前 | 桥梁 | 60 | 30.8 | 47.7 | 40.9 | 60 | 50 | 达标 | 达标 |  |
| 13 | 东山堡（王家湾） | D1K39+200~D1K40+200 | N13-1 | 线路边界处 | 桥梁 | 30 | -3.1 | 47.9 | 41.4 | 60 | 50 | 达标 | 达标 | 社会生活噪声 |
|  |  |  | N13-2 | 居民房前 | 路基 | 36 | -3.1 | 47.9 | 41.4 | 60 | 50 | 达标 | 达标 |  |
|  |  |  | N13-3 | 居民房前 | 路基 | 60 | -3.1 | 47.9 | 41.4 | 60 | 50 | 达标 | 达标 | 社会生活噪声 |
| 14 | 告吹子（下湾）大屋基 | D1K40+800~D1K41+650 | N14-1 | 线路边界处 | 路基 | 30 | -6 | 50.5 | 41.9 | 60 | 50 | 达标 | 达标 | 噪声 |
|  |  |  | N14-2 | 居民房前 | 路基 | 45 | -6 | 50.5 | 41.9 | 60 | 50 | 达标 | 达标 | 社会生活噪声 |
|  |  |  | N14-3 | 居民房前 | 路基 | 60 | -6 | 50.5 | 41.9 | 60 | 50 | 达标 | 达标 |  |
| 15 | 胡家湾 | D1K41+950~D1K42+250 | N15-1 | 居民房前 | 路基 | 30 | 15.1 | 50.1 | 41.8 | 60 | 50 | 达标 | 达标 | 社会生活噪声 |
|  |  |  | N15-2 | 线路边界处 | 路基 | 36 | 15.1 | 50.1 | 41.8 | 60 | 50 | 达标 | 达标 |  |
|  |  |  | N15-3 | 居民房前 | 路基 | 60 | 15.1 | 50.1 | 41.8 | 60 | 50 | 达标 | 达标 | 社会生活噪声 |
| 16 | 班竹林（黄偏湾、肖家湾） | D1K42+400~D1K43+300 | N16-1 | 线路边界处 | 桥梁 | 30 | 17.1 | 49.7 | 41.2 | 60 | 50 | 达标 | 达标 | 社会生活噪声 |
|  |  |  | N16-2 | 居民房前 | 桥梁 | 36 | 17.1 | 49.7 | 41.2 | 60 | 50 | 达标 | 达标 |  |
|  |  |  | N16-3 | 居民房前 | 桥梁 | 60 | 17.1 | 49.7 | 41.2 | 60 | 50 | 达标 | 达标 |  |

西南山区高速铁路建设绿色化技术与工程实践

续表

| 序号 | 敏感点名称 | 线路里程 | 测点编号 | 测点位置 | 工程形式 | 距离 | 高差 | 噪声值/dB 昼 | 噪声值/dB 夜 | 标准值/dB 昼 | 标准值/dB 夜 | 超标量/dB 昼 | 超标量/dB 夜 | 主要噪声源 |
|---|---|---|---|---|---|---|---|---|---|---|---|---|---|---|
| 17 | 塘淳（王家大湾，后湾） | D1K43+400-D1K44+100 | N17-1 | 第一排居民房 | 桥梁 | 26 | -0.5 | 48.5 | 42.3 | 60 | 50 | 达标 | 达标 | 社会生活噪声 |
|  |  |  | N17-2 | 铁路边界处 | 桥梁 | 30 | -0.5 | 48.5 | 42.3 | 60 | 50 | 达标 | 达标 |  |
|  |  |  | N17-3 | 居民房前 | 桥梁 | 45 | -0.5 | 48.5 | 42.3 | 60 | 50 | 达标 | 达标 |  |
|  |  |  | N17-4 | 居民房前 | 桥梁 | 60 | -0.5 | 48.5 | 42.3 | 60 | 50 | 达标 | 达标 |  |
| 18 | 李毛店子 | D1K44+300~CK45+350 | N18-1 | 第一排居民房（铁路边界处） | 桥梁 | 30 | 7.1 | 47.6 | 40.9 | 60 | 50 | 达标 | 达标 | 社会生活噪声 |
|  |  |  | N18-2 | 居民房前 | 桥梁 | 45 | 7.1 | 47.6 | 40.9 | 60 | 50 | 达标 | 达标 |  |
|  |  |  | N18-3 | 居民房前 | 桥梁 | 60 | 7.1 | 47.6 | 40.9 | 60 | 50 | 达标 | 达标 |  |
| 19 | 夏家沟（肖货） | D1K45+450-D1K46+200 | N19-1 | 第一排居民房 | 桥梁 | 14 | 30.4 | 47.5 | 40.5 | 60 | 50 | 达标 | 达标 | 社会生活噪声 |
|  |  |  | N19-2 | 铁路边界处 | 桥梁 | 30 | 30.4 | 47.5 | 40.5 | 60 | 50 | 达标 | 达标 |  |
|  |  |  | N19-3 | 居民房前 | 桥梁 | 45 | 30.4 | 47.5 | 40.5 | 60 | 50 | 达标 | 达标 |  |
|  |  |  | N19-4 | 居民房前 | 桥梁 | 60 | 30.4 | 47.5 | 40.5 | 60 | 50 | 达标 | 达标 | 噪声 |
| 20 | 大田铺 | D1K46+250-D1K47+800 | N20-1 | 第一排居民房 | 桥梁 | 11 | 23.2 | 47.5 | 40.6 | 60 | 50 | 达标 | 达标 | 噪声 |
|  |  |  | N20-2 | 铁路边界处 | 桥梁 | 30 | 23.2 | 47.5 | 40.6 | 60 | 50 | 达标 | 达标 | 社会生活 |
|  |  |  | N20-3 | 居民房前 | 桥梁 | 45 | 23.2 | 47.5 | 40.6 | 60 | 50 | 达标 | 达标 | 噪声 |
|  |  |  | N20-4 | 居民房前 | 桥梁 | 60 | 23.2 | 47.5 | 40.6 | 60 | 50 | 达标 | 达标 |  |
| 21 | 水山子 | D1K48+100-D1K48+390 | N21-1 | 铁路边界处 | 桥梁 | 30 | 12 | 47.7 | 41.1 | 60 | 50 | 达标 | 达标 | 社会生活 |
|  |  |  | N21-2 | 居民房前 | 路堤 | 36 | 12 | 47.7 | 41.1 | 60 | 50 | 达标 | 达标 | 噪声 |
|  |  |  | N21-3 | 居民房前 | 路堤 | 60 | 12 | 47.7 | 41.1 | 60 | 50 | 达标 | 达标 |  |
| 22 | 麻柳湾、水竹林 | D2K53+100-D2K53+800 | N22-1 | 铁路边界处 | 桥梁 | 30 | 11.4 | 47.9 | 40.5 | 60 | 50 | 达标 | 达标 | 社会生活 |
|  |  |  | N22-2 | 居民房前 | 桥梁 | 64 | 11.4 | 47.9 | 40.5 | 60 | 50 | 达标 | 达标 | 噪声 |

4 渝万高速铁路建设对生态环境的影响分析

续表

| 序号 | 敏感点名称 | 线路里程 | 测点编号 | 测点位置 | 工程形式 | 距离 | 高差 | 昼 | 夜 | 昼 | 夜 | 昼 | 夜 | 昼 | 夜 | 主要噪声源 |
|---|---|---|---|---|---|---|---|---|---|---|---|---|---|---|---|---|
| | | | | | | 本工程位置关系/m | | 环境现状噪声/dB | | 标准值/dB | | 超标量/dB | | | |
| 23 | 桥头边 | D2K54+300-D2K55+000 | N23-1 | 第一排居民房 | 路基 | 30 | -12 | 47.9 | 40.5 | 60 | 50 | 达标 | 达标 | 社会生活 |
| | | | N23-2 | (铁路边界处) | 路基 | 60 | -12 | 47.9 | 40.5 | 60 | 50 | 达标 | 达标 | 噪声 |
| | | | N24-1 | 居民房前 | 路基 | 13 | 13.1 | 48.6 | 41.8 | 60 | 50 | 达标 | 达标 | |
| 24 | 周家河坝 | D1K60+150-D1K60+950 | N24-2 | 第一排居民房 | 桥梁 | 30 | 13.1 | 48.6 | 41.8 | 60 | 50 | 达标 | 达标 | 社会生活 |
| | (背后湾) | | N24-3 | 铁路边界处 | 桥梁 | 45 | 13.1 | 48.6 | 41.8 | 60 | 50 | 达标 | 达标 | |
| | | | N24-4 | 居民房前 | 桥梁 | 60 | 13.1 | 48.6 | 41.8 | 60 | 50 | 达标 | 达标 | 社会生活 |
| | | | N25-1 | 第一排居民房 | 桥梁 | 25 | 6.7 | 48.5 | 41.7 | 60 | 50 | 达标 | 达标 | 噪声 |
| 25 | 陶家湾 | D1K63+900-CK64+350 | N25-2 | 铁路边居民房 | 桥梁 | 30 | 6.7 | 48.5 | 41.7 | 60 | 50 | 达标 | 达标 | 社会生活 |
| | | | N25-3 | 居民房前处 | 桥梁 | 45 | 6.7 | 48.5 | 41.7 | 60 | 50 | 达标 | 达标 | |
| | | | N25-4 | 居民房前 | 桥梁 | 60 | 6.7 | 48.5 | 41.7 | 60 | 50 | 达标 | 达标 | 噪声 |
| 26 | 甘家湾、 | D1K65+300-D1K66+400 | N26-1 | 铁路边界处 | 桥梁 | 30 | 3.8 | 48.5 | 41.7 | 60 | 50 | 达标 | 达标 | 社会生活 |
| | 江家水井 | | N26-2 | 铁路边界处 | 桥梁 | 83 | 3.8 | 47.6 | 41.8 | 60 | 50 | 达标 | 达标 | 噪声 |
| | | | N27-1 | 铁路边界处 | 路基 | 30 | 4.01 | 51.3 | 42.5 | 60 | 50 | 达标 | 达标 | 社会生活 |
| 27 | 在水一方 | D1K70+600-D1K71+200 | N27-2 | 第一排居民房前1层 | 路基 | 72 | 4.01 | 51.3 | 42.5 | 60 | 50 | 达标 | 达标 | |
| | | | N27-3 | 第一排居民房前10层 | 路基 | 72 | -23 | 51.3 | 42.5 | 60 | 50 | 达标 | 达标 | 社会生活 |
| | | | N27-4 | 第一排居民房前20层 | 路基 | 72 | -50 | 51.3 | 42.5 | 60 | 50 | 达标 | 达标 | 噪声 |
| | | | N27-5 | 第二排居民房前1层 | 路基 | 116 | 4.01 | 51.3 | 42.5 | 60 | 50 | 达标 | 达标 | |

西南山区高速铁路建设绿色化技术与工程实践

续表

| 序号 | 敏感点名称 | 线路里程 | 测点编号 | 测点位置 | 工程形式 | 距离 | 高差 | 环境现状噪声值/dB 昼 | 环境现状噪声值/dB 夜 | 标准值/dB 昼 | 标准值/dB 夜 | 超标量/dB 昼 | 超标量/dB 夜 | 主要噪声源 |
|---|---|---|---|---|---|---|---|---|---|---|---|---|---|---|
| 27 | 在水一方 | D1K70+600~D1K71+200 | N27-6 | 第一排居民房前10层 | 路堤 | 116 | -23 | 51.3 | 42.5 | 60 | 50 | 达标 | 达标 | 社会生活噪声 |
|  |  |  | N27-7 | 第二排居民房前20层 | 路堤 | 116 | -50 | 51.3 | 42.5 | 60 | 50 | 达标 | 达标 |  |
| 28 | 中湾、陆家湾 | D1K71+450~D1K72+200 | N28-1 | 第一排边居民房 | 路堤 | 14 | 10 | 51.7 | 42.9 | 60 | 50 | 达标 | 达标 | 噪声 |
|  |  |  | N28-2 | 居民房前 | 桥梁 | 30 | 10 | 51.7 | 42.9 | 60 | 50 | 达标 | 达标 | 社会生活噪声、交通噪声 |
|  |  |  | N28-3 | 居民房前 | 桥梁 | 45 | 10 | 51.7 | 42.9 | 60 | 50 | 达标 | 达标 |  |
|  |  |  | N28-4 | 居民房前 | 桥梁 | 60 | 10 | 51.7 | 42.9 | 60 | 50 | 达标 | 达标 |  |
| 29 | 万家湾 | D1K72+300~D1K72+750 | N29-1 | 第一排居民房前 | 桥梁 | 11 | 11.5 | 49.6 | 41.3 | 60 | 50 | 达标 | 达标 | 社会生活噪声 |
|  |  |  | N29-2 | 铁路边民房处 | 桥梁 | 30 | 11.5 | 49.6 | 41.3 | 60 | 50 | 达标 | 达标 |  |
|  |  |  | N29-3 | 居民房前 | 桥梁 | 45 | 11.5 | 49.6 | 41.3 | 60 | 50 | 达标 | 达标 |  |
|  |  |  | N29-4 | 居民房前 | 桥梁 | 60 | 11.5 | 49.6 | 41.3 | 60 | 50 | 达标 | 达标 |  |
| 30 | 学堂湾、叶家湾 | D1K75+400~D1K75+850 | N30-1 | 铁路边民房处 | 路堤 | 30 | 2.2 | 48.9 | 40.8 | 60 | 50 | 达标 | 达标 | 社会生活噪声 |
|  |  |  | N30-2 | 居民房前 | 路堤 | 32 | 2.2 | 48.9 | 40.8 | 60 | 50 | 达标 | 达标 |  |
|  |  |  | N30-3 | 居民房前 | 路堤 | 60 | 2.2 | 48.9 | 40.8 | 60 | 50 | 达标 | 达标 | 噪声 |
| 31 | 团水井、黄粹湾 | D1K75+950~D1K76+600 | N31-1 | 第一排居民房前 | 桥梁 | 8 | 22.8 | 48.6 | 40.5 | 60 | 50 | 达标 | 达标 | 社会生活噪声 |
|  |  |  | N31-2 | 铁路边民房处 | 桥梁 | 30 | 22.8 | 48.6 | 40.5 | 60 | 50 | 达标 | 达标 |  |
|  |  |  | N31-3 | 居民房前 | 桥梁 | 45 | 22.8 | 48.6 | 40.5 | 60 | 50 | 达标 | 达标 | 噪声 |
|  |  |  | N31-4 | 居民房前 | 桥梁 | 60 | 22.8 | 48.6 | 40.5 | 60 | 50 | 达标 | 达标 |  |
| 32 | 焦家中湾 | D1K77+300~D1K77+600 | N32-1 | 第一排居民房 | 桥梁 | 16 | 7.9 | 50.2 | 42.1 | 60 | 50 | 达标 | 达标 | 社会生活噪声 |
|  |  |  | N32-2 | 铁路边民房处 | 桥梁 | 30 | 7.9 | 50.2 | 42.1 | 60 | 50 | 达标 | 达标 |  |
|  |  |  | N32-3 | 居民房前 | 桥梁 | 45 | 7.9 | 50.2 | 42.1 | 60 | 50 | 达标 | 达标 | 噪声 |
|  |  |  | N32-4 | 居民房前 | 桥梁 | 60 | 7.9 | 50.2 | 42.1 | 60 | 50 | 达标 | 达标 |  |

## 4 渝万高速铁路建设对生态环境的影响分析

| 序号 | 敏感点名称 | 线路里程 | 测点编号 | 测点位置 | 工程形式 | 距离 | 高差 | 环境现状噪声/dB 昼 | 环境现状噪声/dB 夜 | 标准值/dB 昼 | 标准值/dB 夜 | 超标情况 昼 | 超标情况 夜 | 主要噪声源 |
|---|---|---|---|---|---|---|---|---|---|---|---|---|---|---|
| 33 | 焦家小学 | D1K77+450~D1K77+600 | N33-1 | 铁路边界处 | 路基 | 30 | -2.4 | 53.1 | 42.6 | 60 | 50 | 达标 | 达标 | 社会生活噪声 |
| | | | N33-2 | 教师宿舍3层 | 路基 | 185 | -4.4 | 53.1 | 42.6 | 60 | 50 | 达标 | 达标 | |
| | | | N33-3 | 教学综合3层 | 路基 | 185 | 1.6 | 53.1 | 42.6 | 60 | 50 | 达标 | 达标 | |
| | | | N33-4 | 教学楼1层 | 路基 | 191 | -4.4 | 53.1 | — | 60 | — | 达标 | — | |
| | | | N33-5 | 教学楼3层 | 路基 | 191 | 1.6 | 53.1 | — | 60 | — | 达标 | — | |
| 34 | 仁家湾 | D1K77+450~D1K80+200 | N34-1 | 第一排居民房 | 桥梁 | 20 | 22.4 | 50.8 | 41.9 | 60 | 50 | 达标 | 达标 | 社会生活噪声 |
| | | | N34-2 | 铁路边界处 | 桥梁 | 30 | 22.4 | 50.8 | 41.9 | 60 | 50 | 达标 | 达标 | |
| | | | N34-3 | 居民房前 | 桥梁 | 45 | 22.4 | 50.8 | 41.9 | 60 | 50 | 达标 | 达标 | |
| | | | N34-4 | 居民房前 | 桥梁 | 60 | 22.4 | 50.8 | 41.9 | 60 | 50 | 达标 | 达标 | |
| 35 | 瞿家湾、熊家湾 | D1K80+500~D1K82+180 | N35-1 | 第一排居民房 | 桥梁 | 11 | 17.8 | 47.6 | 40.6 | 60 | 50 | 达标 | 达标 | 噪声 |
| | | | N35-2 | 铁路边界处 | 桥梁 | 30 | 17.8 | 47.6 | 40.6 | 60 | 50 | 达标 | 达标 | 社会生活噪声 |
| | | | N35-3 | 居民房前 | 桥梁 | 45 | 17.8 | 47.6 | 40.6 | 60 | 50 | 达标 | 达标 | |
| | | | N35-4 | 居民房前 | 桥梁 | 60 | 17.8 | 47.6 | 40.6 | 60 | 50 | 达标 | 达标 | 噪声 |
| 36 | 封合院子 | D1K84+800~D1K85+800 | N36-1 | 第一排居民房 | 路基 | 20 | 1.1 | 48.8 | 41.3 | 60 | 50 | 达标 | 达标 | 社会生活噪声 |
| | | | N36-2 | 铁路边界处 | 路基 | 30 | 1.1 | 48.8 | 41.3 | 60 | 50 | 达标 | 达标 | |
| | | | N36-3 | 居民房前 | 路基 | 45 | 1.1 | 48.8 | 41.3 | 60 | 50 | 达标 | 达标 | 噪声 |
| | | | N36-4 | 居民房前 | 路基 | 60 | 1.1 | 48.8 | 41.3 | 60 | 50 | 达标 | 达标 | |
| 37 | 双龙街道 | D1K86+000~D1K87+100 | N37-1 | 第一排居民房1层 | 桥梁 | 10 | 9.3 | 54.5 | 42.3 | 60 | 50 | 达标 | 达标 | 社会生活噪声 |
| | | | N37-2 | 第一排居民房5层 | 桥梁 | 10 | -2.7 | 54.9 | 45.5 | 60 | 50 | 达标 | 达标 | |
| | | | N37-3 | 铁路边界处 | 桥梁 | 30 | 9.3 | 54.5 | 42.3 | 60 | 50 | 达标 | 达标 | 噪声、交通 |
| | | | N37-4 | 居民房前1层 | 桥梁 | 45 | 9.3 | 54.5 | 42.3 | 60 | 50 | 达标 | 达标 | 噪声 |
| | | | N37-5 | 居民房前5层 | 桥梁 | 45 | -2.7 | 57.9 | 45.5 | 60 | 50 | 达标 | 达标 | |

西南山区高速铁路建设绿色化技术与工程实践

| 序号 | 敏感点名称 | 线路里程 | 测点编号 | 测点位置 | 工程形式 | 距离/m | 高差 | 噪声/dB 昼 | 噪声/dB 夜 | 环境现状 噪声/dB 昼 | 环境现状 噪声/dB 夜 | 标准值/dB 昼 | 标准值/dB 夜 | 超标量/dB 昼 | 超标量/dB 夜 | 主要噪声源 | 续表 |
|------|----------|--------|--------|----------|----------|--------|------|----------|----------|----------|----------|----------|----------|----------|----------|----------|------|
| 37 | 双老街道 | D1K86+000-D1K87+100 | N37-6 | 居民房前1层 | 桥梁 | 60 | 9.3 | 54.5 | 42.3 | 60 | 50 | 达标 | 达标 | 噪声源 | 社会生活噪声 |
|  |  |  | N37-7 | 居民房前4层 | 桥梁 | 60 | 0.3 | 57.9 | 45.5 | 60 | 50 | 达标 | 达标 | 社会生活噪声、交通噪声 |
| 38 | 双老中心幼儿园 | D1K86+150-D1K86+230 | N38-1 | 教师宿舍1层 | 桥梁 | 14 | 8.7 | 54.2 | 42.2 | 60 | 50 | 达标 | 达标 | 噪声 |
|  |  |  | N38-2 | 教师宿舍3层 | 桥梁 | 14 | 2.7 | 57.9 | 44.7 | 60 | 50 | 达标 | 达标 | 噪声 |
|  |  |  | N38-3 | 铁路边界处 | 桥梁 | 30 | 8.7 | 54.2 | 42.2 | 60 | 50 | 达标 | 达标 | 社会生活噪声 |
|  |  |  | N38-4 | 教学楼1层 | 桥梁 | 58 | 12 | 54.2 | — | 60 | — | 达标 | — | 噪声、交通噪声 |
|  |  |  | N38-5 | 教学楼3层 | 桥梁 | 58 | 6 | 57.9 | — | 60 | — | 达标 | — |  |
| 39 | 庄子湾、廖家湾 | D1K87+500-D1K89+250 | N39-1 | 第一排居民房 | 桥梁 | 8 | 11.7 | 48.6 | 41.7 | 60 | 50 | 达标 | 达标 | 社会生活噪声 |
|  |  |  | N39-2 | 铁路边界处 | 桥梁 | 30 | 11.7 | 48.6 | 41.7 | 60 | 50 | 达标 | 达标 |  |
|  |  |  | N39-3 | 居民房前 | 桥梁 | 45 | 11.7 | 48.6 | 41.7 | 60 | 50 | 达标 | 达标 | 社会生活噪声 |
|  |  |  | N39-4 | 居民房前 | 桥梁 | 60 | 11.7 | 48.6 | 41.7 | 60 | 50 | 达标 | 达标 | 噪声 |
| 40 | 垫山湾、袁家湾 | D1K89+500-D1K92+950 | N40-1 | 第一排居民房 | 桥梁 | 10 | 13.6 | 48.2 | 41.3 | 60 | 50 | 达标 | 达标 | 噪声 |
|  |  |  | N40-2 | 铁路边界处 | 桥梁 | 30 | 13.6 | 48.2 | 41.3 | 60 | 50 | 达标 | 达标 | 社会生活噪声 |
|  |  |  | N40-3 | 居民房前 | 桥梁 | 45 | 13.6 | 48.2 | 41.3 | 60 | 50 | 达标 | 达标 | 噪声 |
|  |  |  | N40-4 | 居民房前 | 桥梁 | 60 | 13.6 | 48.2 | 41.3 | 60 | 50 | 达标 | 达标 |  |
| 41 | 石朝门、杨家小湾 | D1K93+050-D2K94+500 | N41-1 | 第一排居民房（铁路边界处） | 路堤 | 30 | 3.2 | 47.2 | 40.6 | 60 | 50 | 达标 | 达标 | 社会生活噪声 |
|  |  |  | N41-2 | 居民房前 | 路堤 | 45 | 3.2 | 47.2 | 40.6 | 60 | 50 | 达标 | 达标 | 噪声 |
|  |  |  | N41-3 | 居民房前 | 路堤 | 60 | 3.2 | 47.2 | 40.6 | 60 | 50 | 达标 | 达标 |  |
| 42 | 油房、鹿头排 | D2K94+800-D2K96+800 | N42-1 | 铁路边界处 | 路堤 | 30 | -2.4 | 48.3 | 41.5 | 60 | 50 | 达标 | 达标 | 社会生活噪声 |
|  |  |  | N42-2 | 居民房前 | 桥梁 | 33 | -2.4 | 48.3 | 41.5 | 60 | 50 | 达标 | 达标 | 噪声 |
|  |  |  | N42-3 | 居民房前 | 桥梁 | 60 | -2.4 | 48.3 | 41.5 | 60 | 50 | 达标 | 达标 |  |

续表

| 序号 | 敏感点名称 | 线路里程 | 测点编号 | 测点位置 | 工程形式 | 距离 | 高差 | 环境现状噪声 昼/dB | 环境现状噪声 夜/dB | 标准值 昼/dB | 标准值 夜/dB | 超标量 昼/dB | 超标量 夜/dB | 主要噪声源 |
|---|---|---|---|---|---|---|---|---|---|---|---|---|---|---|
| 43 | 石安场 | D2K97+200-D2K97+450 | N43-1 | 第一排居民房 | 桥梁 | 18 | 16.2 | 52.6 | 41.9 | 60 | 50 | 达标 | 达标 | 社会生活噪声 |
| | | | N43-2 | 铁路边界处 | 桥梁 | 30 | 16.2 | 52.6 | 41.9 | 60 | 50 | 达标 | 达标 | |
| | | | N43-3 | 居民房前 | 桥梁 | 45 | 16.2 | 52.6 | 41.9 | 60 | 50 | 达标 | 达标 | |
| | | | N43-4 | 居民房前 | 桥梁 | 60 | 16.2 | 52.6 | 41.9 | 60 | 50 | 达标 | 达标 | |
| 44 | 志家湾 | DK97+700-DK99+100 | N44-1 | 第一排居民房 | 桥梁 | 8 | 22.9 | 51.7 | 42.9 | 60 | 50 | 达标 | 达标 | 社会生活噪声、交通噪声 |
| | | | N44-2 | 铁路边界处 | 桥梁 | 30 | 22.9 | 51.7 | 42.9 | 60 | 50 | 达标 | 达标 | |
| | | | N44-3 | 居民房前 | 桥梁 | 45 | 22.9 | 51.7 | 42.9 | 60 | 50 | 达标 | 达标 | |
| | | | N44-4 | 居民房前 | 桥梁 | 60 | 22.9 | 51.7 | 42.9 | 60 | 50 | 达标 | 达标 | |
| 45 | 石岭山 | DK99+000-DK99+850 | N45-1 | 第一排居民房 | 路堤 | 23 | 2.4 | 51.5 | 42.1 | 60 | 50 | 达标 | 达标 | 社会生活噪声、交通噪声 |
| | | | N45-2 | 铁路边界处 | 路堤 | 30 | 2.4 | 51.5 | 42.1 | 60 | 50 | 达标 | 达标 | |
| | | | N45-3 | 居民房前 | 路堤 | 45 | 2.4 | 51.5 | 42.1 | 60 | 50 | 达标 | 达标 | |
| | | | N45-4 | 居民房前 | 路堤 | 60 | 2.4 | 51.5 | 42.1 | 60 | 50 | 达标 | 达标 | |
| 46 | 廖家桥 | DK100+300-DK100+950 | N46-1 | 第一排居民房 | 路堤 | 22 | -2.4 | 49.3 | 41.8 | 60 | 50 | 达标 | 达标 | 社会生活噪声 |
| | | | N46-2 | 铁路边界处 | 路堤 | 30 | -2.4 | 49.3 | 41.8 | 60 | 50 | 达标 | 达标 | |
| | | | N46-3 | 居民房前 | 路堤 | 45 | -2.4 | 49.3 | 41.8 | 60 | 50 | 达标 | 达标 | |
| | | | N46-4 | 居民房前 | 路堤 | 60 | -2.4 | 49.3 | 41.8 | 60 | 50 | 达标 | 达标 | |
| 47 | 李家湾 | DK101+500-DK102+100 | N47-1 | 第一排居民房 | 路堑 | 27 | -7 | 49.1 | 41.9 | 60 | 50 | 达标 | 达标 | 社会生活噪声 |
| | | | N47-2 | 铁路边界处 | 路堑 | 30 | -7 | 49.1 | 41.9 | 60 | 50 | 达标 | 达标 | |
| | | | N47-3 | 居民房前 | 路堑 | 45 | -7 | 49.1 | 41.9 | 60 | 50 | 达标 | 达标 | |
| | | | N47-4 | 居民房前 | 路堑 | 60 | -7 | 49.1 | 41.9 | 60 | 50 | 达标 | 达标 | |
| 48 | 姚家湾 | DK102+500-DK105+100 | N48-1 | 第一排居民房 | 桥梁 | 24 | 2 | 48.5 | 40.9 | 60 | 50 | 达标 | 达标 | 社会生活噪声 |
| | | | N48-2 | 铁路边界处 | 桥梁 | 30 | 2 | 48.5 | 40.9 | 60 | 50 | 达标 | 达标 | |

西南山区高速铁路建设绿色化技术与工程实践

续表

| 序号 | 敏感点名称 | 线路里程 | 测点编号 | 测点位置 | 工程形式 | 距离 | 高差 | 环境现状噪声值/dB 昼 | 环境现状噪声值/dB 夜 | 标准值/dB 昼 | 标准值/dB 夜 | 超标量/dB 昼 | 超标量/dB 夜 | 主要噪声源 |
|---|---|---|---|---|---|---|---|---|---|---|---|---|---|---|
| 48 | 桃家湾 | DK102+500-DK105+100 | N48-3 | 居民房前 | 桥梁 | 45 | 2 | 48.5 | 40.9 | 60 | 50 | 达标 | 达标 | 噪声源 |
|  |  |  | N48-4 | 居民房前 | 桥梁 | 60 | 2 | 48.5 | 40.9 | 60 | 50 | 达标 | 达标 | 社会生活 |
| 49 | 小岩新村 | DK105+450-DK106+100 | N49-1 | 铁路边界处 | 桥梁 | 30 | 1 | 48.9 | 40.8 | 60 | 50 | 达标 | 达标 | 噪声 |
|  |  |  | N49-2 | 居民房前 | 桥梁 | 34 | 1 | 48.9 | 40.8 | 60 | 50 | 达标 | 达标 | 社会生活 |
|  |  |  | N49-3 | 居民房前 | 桥梁 | 60 | 1 | 48.9 | 40.8 | 60 | 50 | 达标 | 达标 | 噪声 |
| 50 | 细湾、毛家坎 | DK106+300-DK107+450 | N50-1 | 第一排居民房 | 桥梁 | 21 | -0.7 | 47.9 | 41.5 | 60 | 50 | 达标 | 达标 | 社会生活 |
|  |  |  | N50-2 | 铁路边界处 | 桥梁 | 30 | -0.7 | 47.9 | 41.5 | 60 | 50 | 达标 | 达标 | 社会生活 |
|  |  |  | N50-3 | 居民房前 | 桥梁 | 45 | -0.7 | 47.9 | 41.5 | 60 | 50 | 达标 | 达标 | 噪声 |
|  |  |  | N50-4 | 居民房前 | 桥梁 | 60 | -0.7 | 47.9 | 41.5 | 60 | 50 | 达标 | 达标 | 噪声 |
| 51 | 许家湾 | DK109+400-DK110+500 | N51-1 | 第一排居民房 | 路基 | 25 | 6.8 | 53.8 | 43.9 | 60 | 50 | 达标 | 达标 | 社会生活 |
|  |  |  | N51-2 | 居民房前 | 路基 | 30 | 6.8 | 53.8 | 43.9 | 60 | 50 | 达标 | 达标 | 噪声、交通 |
|  |  |  | N51-3 | 居民房前 | 路基 | 45 | 6.8 | 53.8 | 43.9 | 60 | 50 | 达标 | 达标 | 噪声 |
|  |  |  | N51-4 | 铁路边界处 | 路基 | 60 | 6.8 | 53.8 | 43.9 | 60 | 50 | 达标 | 达标 | 噪声 |
| 52 | 高块子、新湾 | DK110+700-DK113+350 | N52-1 | 居民房前 | 桥梁 | 12 | 4.6 | 53.5 | 43.6 | 60 | 50 | 达标 | 达标 | 社会生活 |
|  |  |  | N52-2 | 铁路边界处 | 桥梁 | 30 | 4.6 | 53.5 | 43.6 | 60 | 50 | 达标 | 达标 | 噪声、交通 |
|  |  |  | N52-3 | 居民房前 | 桥梁 | 45 | 4.6 | 53.5 | 43.6 | 60 | 50 | 达标 | 达标 | 噪声 |
|  |  |  | N52-4 | 居民房前 | 桥梁 | 60 | 4.6 | 53.5 | 43.6 | 60 | 50 | 达标 | 达标 | 噪声 |
| 53 | 大屋基 | DK113+430-DK114+050 | N53-1 | 第一排居民房 | 桥梁 | 12 | 10.7 | 50.1 | 42.3 | 60 | 50 | 达标 | 达标 | 社会生活 |
|  |  |  | N53-2 | 铁路边界处 | 桥梁 | 30 | 10.7 | 50.1 | 42.3 | 60 | 50 | 达标 | 达标 | 噪声、交通 |
|  |  |  | N53-3 | 居民房前 | 桥梁 | 45 | 10.7 | 50.1 | 42.3 | 60 | 50 | 达标 | 达标 | 噪声 |
|  |  |  | N53-4 | 居民房前 | 桥梁 | 60 | 10.7 | 50.1 | 42.3 | 60 | 50 | 达标 | 达标 | 噪声 |

## 4 渝万高速铁路建设对生态环境的影响分析

续表

| 序号 | 敏感点名称 | 线路里程 | 测点编号 | 测点位置 | 工程形式 | 距离/m | 高差 | 环境现状噪声/dB 昼 | 环境现状噪声/dB 夜 | 标准值/dB 昼 | 标准值/dB 夜 | 超标情况 昼 | 超标情况 夜 | 超标情况 昼 | 超标情况 夜 | 主要噪声源 |
|---|---|---|---|---|---|---|---|---|---|---|---|---|---|---|---|---|
| 54 | 郭家湾 | DK114+100~DK115+600 | N54-1 | 第一排居民房 | 路基 | 14 | -2 | 47.7 | 40.9 | 60 | 50 | 达标 | 达标 | 达标 | 达标 | 噪声 |
|  |  |  | N54-2 | 铁路边果农 | 路基 | 30 | -2 | 47.7 | 40.9 | 60 | 50 | 达标 | 达标 | 达标 | 达标 | 社会生活 |
|  |  |  | N54-3 | 居民房前 | 路基 | 45 | -2 | 47.7 | 40.9 | 60 | 50 | 达标 | 达标 | 达标 | 达标 | 噪声 |
|  |  |  | N54-4 | 居民房前 | 路基 | 60 | -2 | 47.7 | 40.9 | 60 | 50 | 达标 | 达标 | 达标 | 达标 | 噪声 |
| 55 | 汪家湾 | DK115+700~DK116+800 | N55-1 | 第一排居民房 | 路基 | 12 | 6.1 | 56.1 | 44.5 | 60 | 50 | 达标 | 达标 | 达标 | 达标 | 社会生活 |
|  |  |  | N55-2 | 铁路边果农 | 桥梁 | 30 | 6.1 | 56.1 | 44.5 | 60 | 50 | 达标 | 达标 | 达标 | 达标 | 噪声、交通 |
|  |  |  | N55-3 | 居民房前 | 桥梁 | 45 | 6.1 | 56.1 | 44.5 | 60 | 50 | 达标 | 达标 | 达标 | 达标 | 噪声 |
|  |  |  | N55-4 | 居民房前 | 桥梁 | 60 | 6.1 | 56.1 | 44.5 | 60 | 50 | 达标 | 达标 | 达标 | 达标 | 社会生活 |
| 56 | 新房子、地房湾 | DK117+400~DK119+600 | N56-1 | 第一排居民房 | 桥梁 | 15 | 3.4 | 47.4 | 40.9 | 60 | 50 | 达标 | 达标 | 达标 | 达标 | 社会生活 |
|  |  |  | N56-2 | 铁路边果农 | 桥梁 | 30 | 3.4 | 47.4 | 40.9 | 60 | 50 | 达标 | 达标 | 达标 | 达标 | 噪声 |
|  |  |  | N56-3 | 居民房前 | 桥梁 | 45 | 3.4 | 47.4 | 40.9 | 60 | 50 | 达标 | 达标 | 达标 | 达标 | 噪声 |
|  |  |  | N56-4 | 居民房前 | 桥梁 | 60 | 3.4 | 47.4 | 40.9 | 60 | 50 | 达标 | 达标 | 达标 | 达标 | 噪声 |
| 57 | 周家冲 | DK120+100~DK122+000 | N57-1 | 第一排居民房 | 桥梁 | 23 | 13.8 | 52.4 | 41.8 | 60 | 50 | 达标 | 达标 | 达标 | 达标 | 噪声 |
|  |  |  | N57-2 | 铁路边果农 | 桥梁 | 30 | 13.8 | 52.4 | 41.8 | 60 | 50 | 达标 | 达标 | 达标 | 达标 | 社会生活 |
|  |  |  | N57-3 | 居民房前 | 桥梁 | 45 | 13.8 | 52.4 | 41.8 | 60 | 50 | 达标 | 达标 | 达标 | 达标 | 噪声 |
|  |  |  | N57-4 | 居民房前 | 桥梁 | 60 | 13.8 | 52.4 | 41.8 | 60 | 50 | 达标 | 达标 | 达标 | 达标 | 噪声 |
| 58 | 三星湾、赤家湾 | DK122+250~DK123+900 | N58-1 | 第一排居民房 | 桥梁 | 11 | 23.6 | 50.6 | 41.1 | 60 | 50 | 达标 | 达标 | 达标 | 达标 | 社会生活 |
|  |  |  | N58-2 | 铁路边果农 | 桥梁 | 30 | 23.6 | 50.6 | 41.1 | 60 | 50 | 达标 | 达标 | 达标 | 达标 | 社会生活 |
|  |  |  | N58-3 | 居民房前 | 桥梁 | 45 | 23.6 | 50.6 | 41.1 | 60 | 50 | 达标 | 达标 | 达标 | 达标 | 噪声 |
|  |  |  | N58-4 | 居民房前 | 桥梁 | 60 | 23.6 | 50.6 | 41.1 | 60 | 50 | 达标 | 达标 | 达标 | 达标 | 噪声 |
| 59 | 唐家湾、张家沟 | DK124+000~DK126+500 | N59-1 | 第一排居民房 | 路基 | 19 | 4 | 48.6 | 41.3 | 60 | 50 | 达标 | 达标 | 达标 | 达标 | 社会生活 |
|  |  |  | N59-2 | 铁路边果农 | 路基 | 30 | 4 | 48.6 | 41.3 | 60 | 50 | 达标 | 达标 | 达标 | 达标 | 噪声 |

西南山区高速铁路建设绿色化技术与工程实践

续表

| 序号 | 敏感点名称 | 线路里程 | 测点编号 | 测点位置 | 本工程形式 | 本工程位置关系/m | | 环境现状噪声/dB | | 标准值/dB | | 超标量/dB | | 主要噪声源 |
| --- | --- | --- | --- | --- | --- | --- | --- | --- | --- | --- | --- | --- | --- | --- |
| | | | | | 工程形式 | 距离 | 高差 | 昼 | 夜 | 昼 | 夜 | 昼 | 夜 | |
| 59 | 陈家清、张家沟 | DK124+000-DK126+500 | N59-3 | 居民房前 | 路堑 | 45 | 4 | 48.6 | 41.3 | 60 | 50 | 达标 | 达标 | 噪声 |
| | | | N59-4 | 居民房前 | 路堑 | 60 | 4 | 48.6 | 41.3 | 60 | 50 | 达标 | 达标 | 社会生活 |
| 60 | 何家湾、 | DK127+400-DK129+800 | N60-1 | 第一排居民房 | 桥梁 | 11 | 7.8 | 49.6 | 42.3 | 60 | 50 | 达标 | 达标 | 噪声 |
| | | | N60-2 | 铁路边果处 | 桥梁 | 30 | 7.8 | 49.6 | 42.3 | 60 | 50 | 达标 | 达标 | 社会生活 |
| | 曾家湾 | | N60-3 | 居民房前 | 桥梁 | 45 | 7.8 | 49.6 | 42.3 | 60 | 50 | 达标 | 达标 | 噪声 |
| | | | N60-4 | 居民房前 | 桥梁 | 60 | 7.8 | 49.6 | 42.3 | 60 | 50 | 达标 | 达标 | 噪声 |
| 61 | 侯医湾 | D1K130+500-D1K132+150 | N61-1 | 第一排居民房 | 桥梁 | 16 | 4.6 | 52.6 | 42.8 | 60 | 50 | 达标 | 达标 | 社会生活 |
| | | | N61-2 | 铁路边果处 | 桥梁 | 30 | 4.6 | 52.6 | 42.8 | 60 | 50 | 达标 | 达标 | 社会生活 |
| | | | N61-3 | 居民房前 | 桥梁 | 45 | 4.6 | 52.6 | 42.8 | 60 | 50 | 达标 | 达标 | 噪声、交通 |
| | | | N61-4 | 居民房前 | 桥梁 | 60 | 4.6 | 52.6 | 42.8 | 60 | 50 | 达标 | 达标 | 噪声 |
| 62 | 许家沟 | D1K133+800-D1K134+500 | N62-1 | 居民房前 | 桥梁 | 10 | 0.9 | 48.0 | 41.8 | 60 | 50 | 达标 | 达标 | 噪声 |
| | | | N62-2 | 第一排居民房 | 桥梁 | 30 | 0.9 | 48.0 | 41.8 | 60 | 50 | 达标 | 达标 | 社会生活 |
| | | | N62-3 | 铁路边果处 | 桥梁 | 45 | 0.9 | 48.0 | 41.8 | 60 | 50 | 达标 | 达标 | 社会生活 |
| | | | N62-4 | 居民房前 | 桥梁 | 60 | 0.9 | 48.0 | 41.8 | 60 | 50 | 达标 | 达标 | 噪声 |
| 63 | 李家陶堂 | D1K134+900-D1K136+300 | N63-1 | 居民房前 | 桥梁 | 10 | 19.5 | 48.2 | 41.6 | 60 | 50 | 达标 | 达标 | 噪声 |
| | | | N63-2 | 第一排居民房 | 桥梁 | 30 | 19.5 | 48.2 | 41.6 | 60 | 50 | 达标 | 达标 | 社会生活 |
| | | | N63-3 | 铁路边果处 | 桥梁 | 45 | 15.5 | 48.2 | 41.6 | 60 | 50 | 达标 | 达标 | 社会生活 |
| | | | N63-4 | 居民房前 | 桥梁 | 60 | 15.5 | 48.2 | 41.6 | 60 | 50 | 达标 | 达标 | 噪声 |
| 64 | 余家湾 | DK136+700-DK137+350 | N64-1 | 第一排居民房 | 路堑 | 20 | -3.2 | 53.1 | 43.7 | 60 | 50 | 达标 | 达标 | 社会生活 |
| | | | N64-2 | 铁路边果处 | 路堑 | 30 | -3.2 | 53.1 | 43.7 | 60 | 50 | 达标 | 达标 | 噪声 |
| | | | N64-3 | 居民房前 | 路堑 | 45 | -3.2 | 53.1 | 43.7 | 60 | 50 | 达标 | 达标 | 噪声、交通 |
| | | | N64-4 | 居民房前 | 路堑 | 60 | -3.2 | 53.1 | 43.7 | 60 | 50 | 达标 | 达标 | 噪声 |

4 渝万高速铁路建设对生态环境的影响分析

| 序号 | 敏感点名称 | 线路里程 | 测点编号 | 测点位置 | 工程形式 | 距离 | 高差 | 噪声/dB | | 标准值/dB | | 超标量/dB | | 主要噪声源 |
|---|---|---|---|---|---|---|---|---|---|---|---|---|---|---|
| | | | | | | | | 昼 | 夜 | 昼 | 夜 | 昼 | 夜 | |
| 65 | 黄家河坝、彭家大冲 | DK137+600-DK139+000 | N65-1 | 第一排居民房 | 桥梁 | 15 | 10.4 | 52.7 | 41.9 | 60 | 50 | 达标 | 达标 | 社会生活 |
| | | | N65-2 | 铁路边界处 | 桥梁 | 30 | 10.4 | 52.7 | 41.9 | 60 | 50 | 达标 | 达标 | 社会生活 |
| | | | N65-3 | 居民房前 | 桥梁 | 45 | 10.4 | 52.7 | 41.9 | 60 | 50 | 达标 | 达标 | 噪声、交通 |
| | | | N65-4 | 居民房前 | 桥梁 | 60 | 10.4 | 52.7 | 41.9 | 60 | 50 | 达标 | 达标 | 噪声 |
| 66 | 郭家寨、熊家新湾、欧家湾 | DK139+100-DK139+800 | N66-1 | 铁路边界处 | 桥梁 | 30 | 4.2 | 49.9 | 41.2 | 60 | 50 | 达标 | 达标 | 社会生活 |
| | | | N66-2 | 居民房前 | 桥梁 | 50 | 4.2 | 49.9 | 41.2 | 60 | 50 | 达标 | 达标 | 社会生活 |
| | | | N66-3 | 居民房前 | 桥梁 | 60 | 4.2 | 49.9 | 41.2 | 60 | 50 | 达标 | 达标 | 噪声 |
| 67 | 陈家湾 | DK139+850-DK140+800 | N67-1 | 第一排居民处 | 桥梁 | 26 | -5.8 | 48.5 | 41.1 | 60 | 50 | 达标 | 达标 | 社会生活 |
| | | | N67-2 | 铁路边界处 | 路基 | 30 | -5.8 | 48.5 | 41.1 | 60 | 50 | 达标 | 达标 | 社会生活 |
| | | | N67-3 | 居民房前 | 路基 | 45 | -5.8 | 48.5 | 41.1 | 60 | 50 | 达标 | 达标 | 噪声 |
| | | | N67-4 | 居民房前 | 路基 | 60 | -5.8 | 48.5 | 41.1 | 60 | 50 | 达标 | 达标 | 噪声 |
| 68 | 郑家湾 | DK140+900-DK141+800 | N68-1 | 第一排居民房 | 路基 | 25 | -0.9 | 47.6 | 40.9 | 60 | 50 | 达标 | 达标 | 社会生活 |
| | | | N68-2 | 铁路边界处 | 路基 | 30 | -0.9 | 47.6 | 40.9 | 60 | 50 | 达标 | 达标 | 社会生活 |
| | | | N68-3 | 居民房前 | 路基 | 45 | -0.9 | 47.6 | 40.9 | 60 | 50 | 达标 | 达标 | 噪声 |
| | | | N68-4 | 居民房前 | 路基 | 60 | -0.9 | 47.6 | 40.9 | 60 | 50 | 达标 | 达标 | 噪声 |
| 69 | 老家老湾 | DK142+300-DK142+900 | N69-1 | 第一排居民房 | 路基 | 13 | 15.3 | 47.3 | 41.1 | 60 | 50 | 达标 | 达标 | 社会生活 |
| | | | N69-2 | 铁路边界处 | 桥梁 | 30 | 15.3 | 47.3 | 41.1 | 60 | 50 | 达标 | 达标 | 社会生活 |
| | | | N69-3 | 居民房前 | 桥梁 | 45 | 15.3 | 47.3 | 41.1 | 60 | 50 | 达标 | 达标 | 噪声 |
| | | | N69-4 | 居民房前 | 桥梁 | 60 | 15.3 | 47.3 | 41.1 | 60 | 50 | 达标 | 达标 | 噪声 |
| 70 | 萧桥／王家湾 | DK144+700-DK145+500 | N70-1 | 第一排居民房 | 桥梁 | 14 | 9.2 | 48.5 | 41.2 | 60 | 50 | 达标 | 达标 | 社会生活 |
| | | | N70-2 | 铁路边界处 | 桥梁 | 30 | 9.2 | 48.5 | 41.2 | 60 | 50 | 达标 | 达标 | 噪声、交通 |
| | | | N70-3 | 居民房前 | 桥梁 | 100 | -4.7 | 48.5 | 41.2 | 60 | 50 | 达标 | 达标 | 噪声 |

续表

| 序号 | 敏感点名称 | 线路里程 | 测点编号 | 测点位置 | 工程形式 | 距离 | 高差/m | 环境现状噪声/dB 昼 | 环境现状噪声/dB 夜 | 标准值/dB 昼 | 标准值/dB 夜 | 超标量/dB 昼 | 超标量/dB 夜 | 主要噪声源 |
|---|---|---|---|---|---|---|---|---|---|---|---|---|---|---|
| 71 | 新湾楼海湾 | DK146+250-DK147+000 | N71-1 | 第一排居民房 | 路堤 | 20 | 4.6 | 47.5 | 41.0 | 60 | 50 | 达标 | 达标 | 社会生活 |
| | | | N71-2 | 铁路边界处 | 路堤 | 30 | 4.6 | 47.5 | 41.0 | 60 | 50 | 达标 | 达标 | |
| | | | N71-3 | 居民边界处 | 路堤 | 45 | 4.6 | 47.5 | 41.0 | 60 | 50 | 达标 | 达标 | 噪声、交通 |
| | | | N71-4 | 居民房前 | 路堤 | 60 | 4.6 | 47.5 | 41.0 | 60 | 50 | 达标 | 达标 | |
| 72 | 酒谷冲、杨家湾、林家湾 | DK147+300-DK148+880 | N72-1 | 第一排居民房 | 路堤 | 13 | 13.1 | 46.9 | 40.8 | 60 | 50 | 达标 | 达标 | 社会生活 |
| | | | N72-2 | 铁路边界处 | 桥梁 | 30 | 13.1 | 46.9 | 40.8 | 60 | 50 | 达标 | 达标 | |
| | | | N72-3 | 居民边界处 | 桥梁 | 45 | 16.3 | 46.9 | 40.8 | 60 | 50 | 达标 | 达标 | 社会生活 |
| | | | N72-4 | 居民房前 | 桥梁 | 60 | 16.3 | 46.9 | 40.8 | 60 | 50 | 达标 | 达标 | 噪声 |
| 73 | 石谷湾 | DK149+000-DK149+900 | N73-1 | 第一排居民房 | 路堤 | 27 | 4.2 | 49.2 | 42.6 | 60 | 50 | 达标 | 达标 | |
| | | | N73-2 | 铁路边界处 | 路堤 | 30 | 4.2 | 49.2 | 42.6 | 60 | 50 | 达标 | 达标 | 社会生活 |
| | | | N73-3 | 居民边界处 | 路堤 | 45 | 4.2 | 49.2 | 42.6 | 60 | 50 | 达标 | 达标 | |
| | | | N73-4 | 居民房前 | 路堤 | 60 | 4.2 | 49.2 | 42.6 | 60 | 50 | 达标 | 达标 | 噪声 |
| 74 | 汤家湾 | DK150+300-DK151+200 | N74-1 | 第一排居民房 | 桥梁 | 24 | 14.3 | 47.5 | 40.2 | 60 | 50 | 达标 | 达标 | 社会生活 |
| | | | N74-2 | 铁路边界处 | 桥梁 | 30 | 14.3 | 47.5 | 40.2 | 60 | 50 | 达标 | 达标 | |
| | | | N74-3 | 居民边界处 | 桥梁 | 85 | 8.7 | 47.5 | 40.2 | 60 | 50 | 达标 | 达标 | 噪声 |
| 75 | 祝家寺 | DK151+600-DK152+300 | N75-1 | 第一排居民房 | 桥梁 | 27 | 0.4 | 48.2 | 40.6 | 60 | 50 | 达标 | 达标 | 社会生活 |
| | | | N75-2 | 铁路边界处 | 路堤 | 30 | 0.4 | 48.2 | 40.6 | 60 | 50 | 达标 | 达标 | |
| | | | N75-3 | 居民边界处 | 路堤 | 45 | 0.4 | 48.2 | 40.6 | 60 | 50 | 达标 | 达标 | 噪声 |
| | | | N75-4 | 居民房前 | 路堤 | 60 | 0.4 | 48.2 | 40.6 | 60 | 50 | 达标 | 达标 | |
| 76 | 黄家湾 | DK153+000-DK153+800 | N76-1 | 第一排居民房 | 桥梁 | 8 | 10.9 | 47.9 | 40.8 | 60 | 50 | 达标 | 达标 | 社会生活 |
| | | | N76-2 | 铁路边界处 | 桥梁 | 30 | 10.9 | 47.9 | 40.8 | 60 | 50 | 达标 | 达标 | |
| | | | N76-3 | 居民房前 | 桥梁 | 45 | 10.9 | 47.9 | 40.8 | 60 | 50 | 达标 | 达标 | 噪声 |

续表

| 序号 | 敏感点名称 | 线路里程 | 测点编号 | 测点位置 | 工程形式 | 距离 | 高差 | 现状昼/dB | 现状夜/dB | 标准昼/dB | 标准夜/dB | 超标昼 | 超标夜 | 主要噪声源 |
|---|---|---|---|---|---|---|---|---|---|---|---|---|---|---|
| 76 | 黄家湾 | DK153+000-DK153+800 | N76-4 | 居民房前 | 桥梁 | 60 | 10.9 | 47.9 | 40.8 | 60 | 50 | 达标 | 达标 | 社会生活噪声 |
| 77 | 冯家潭坊 | DK153+800-DK154+450 | N77-1 | 第一排居民房 | 桥梁 | 13 | 14.5 | 49.6 | 41.1 | 60 | 50 | 达标 | 达标 | 社会生活噪声 |
| | | | N77-2 | 铁路边果树 | 桥梁 | 30 | 14.5 | 49.6 | 41.1 | 60 | 50 | 达标 | 达标 | |
| | | | N77-3 | 居民房前 | 桥梁 | 45 | 9.2 | 49.6 | 41.1 | 60 | 50 | 达标 | 达标 | |
| | | | N77-4 | 居民房前 | 桥梁 | 60 | 9.2 | 49.6 | 41.1 | 60 | 50 | 达标 | 达标 | |
| 78 | 土地垭 | DK154+550-DK155+700 | N78-1 | 第一排居民房(铁路边民房) | 桥梁 | 30 | 5.9 | 48.1 | 40.9 | 60 | 50 | 达标 | 达标 | 社会生活噪声 |
| | | | N78-2 | 居民房前 | 路堤 | 37 | 5.9 | 48.1 | 40.9 | 60 | 50 | 达标 | 达标 | |
| | | | N78-3 | 第一排居民房 | 路堤 | 65 | 5.9 | 48.1 | 40.9 | 60 | 50 | 达标 | 达标 | |
| 79 | 崖子坝(向家湾) | DK156+200-DK156+900 | N79-1 | 居民房前 | 桥梁 | 15 | 18.9 | 48.2 | 41.5 | 60 | 50 | 达标 | 达标 | 社会生活噪声 |
| | | | N79-2 | 铁路边果树 | 桥梁 | 30 | 18.9 | 48.2 | 41.5 | 60 | 50 | 达标 | 达标 | |
| | | | N79-3 | 第一排居民房 | 桥梁 | 45 | 18.9 | 48.2 | 41.5 | 60 | 50 | 达标 | 达标 | |
| | | | N79-4 | 居民房前 | 桥梁 | 60 | 18.9 | 48.2 | 41.5 | 60 | 50 | 达标 | 达标 | |
| 80 | 塘湾(三圣宫、仲家、老院子) | DK157+700-DK159+500 | N80-1 | 第一排居民房 | 桥梁 | 13 | 23.4 | 50.6 | 41.7 | 60 | 50 | 达标 | 达标 | 社会生活、交通噪声 |
| | | | N80-2 | 铁路边果树 | 桥梁 | 30 | 23.4 | 50.6 | 41.7 | 60 | 50 | 达标 | 达标 | |
| | | | N80-3 | 居民房前 | 桥梁 | 45 | 23.4 | 50.6 | 41.7 | 60 | 50 | 达标 | 达标 | |
| | | | N80-4 | 居民房前 | 桥梁 | 60 | 23.4 | 50.6 | 41.7 | 60 | 50 | 达标 | 达标 | |
| 81 | 王庄子 | DK159+600-DK161+600 | N81-1 | 第一排居民房 | 路堤 | 22 | -1.3 | 48.1 | 41.3 | 60 | 50 | 达标 | 达标 | 社会生活噪声 |
| | | | N81-2 | 铁路边果树 | 路堤 | 30 | 13.6 | 48.1 | 41.3 | 60 | 50 | 达标 | 达标 | |
| | | | N81-3 | 居民房前 | 路堤 | 45 | 5.3 | 48.1 | 41.3 | 60 | 50 | 达标 | 达标 | |
| | | | N81-4 | 居民房前 | 路堤 | 60 | 23.6 | 48.1 | 41.3 | 60 | 50 | 达标 | 达标 | |

续表

| 序号 | 敏感点名称 | 线路里程 | 测点编号 | 测点位置 | 工程形式 | 距离 | 高差/m | 环境现状噪声/dB 昼 | 环境现状噪声/dB 夜 | 标准值/dB 昼 | 标准值/dB 夜 | 超标量/dB 昼 | 超标量/dB 夜 | 主要噪声源 |
|---|---|---|---|---|---|---|---|---|---|---|---|---|---|---|
| 82 | 李家院子 | DK161+600-DK162+750 | N82-1 | 第一排居民房 | 桥梁 | 10 | 13.6 | 48 | 42.2 | 60 | 50 | 达标 | 达标 | 社会生活 |
| | | | N82-2 | 铁路边界处 | 桥梁 | 30 | 13.6 | 48 | 42.2 | 60 | 50 | 达标 | 达标 | 社会生活 |
| | | | N82-3 | 居民房前 | 桥梁 | 45 | 13.6 | 48 | 42.2 | 60 | 50 | 达标 | 达标 | 噪声 |
| | | | N82-4 | 居民房前 | 桥梁 | 60 | 13.6 | 48 | 42.2 | 60 | 50 | 达标 | 达标 | 噪声 |
| 83 | 盐井沟二队（谭家院子） | DK162+800-DK164+500 | N83-1 | 第一排居民房 | 桥梁 | 11 | 5.3 | 49.9 | 41.2 | 60 | 50 | 达标 | 达标 | 社会生活 |
| | | | N83-2 | 铁路边界处 | 桥梁 | 30 | 5.3 | 49.9 | 41.2 | 60 | 50 | 达标 | 达标 | 社会生活 |
| | | | N83-3 | 居民房前 | 桥梁 | 45 | 5.3 | 49.9 | 41.2 | 60 | 50 | 达标 | 达标 | 噪声 |
| | | | N83-4 | 居民房前 | 桥梁 | 60 | 5.3 | 49.9 | 41.2 | 60 | 50 | 达标 | 达标 | 噪声 |
| 84 | 寸塘（曾家院子） | DK165+300-DK169+100 | N84-1 | 第一排居民房 | 桥梁 | 9 | 23.6 | 50.1 | 41.9 | 60 | 50 | 达标 | 达标 | 社会生活 |
| | | | N84-2 | 铁路边界处 | 桥梁 | 30 | 23.6 | 50.1 | 41.9 | 60 | 50 | 达标 | 达标 | 社会生活 |
| | | | N84-3 | 居民房前 | 桥梁 | 45 | 23.6 | 50.1 | 41.9 | 60 | 50 | 达标 | 达标 | 噪声 |
| | | | N84-4 | 居民房前 | 桥梁 | 60 | 23.6 | 50.1 | 41.9 | 60 | 50 | 达标 | 达标 | 噪声 |
| 85 | 杜家湾 | DK166+600-DK168+600 | N85-1 | 第一排居民房 | 桥梁 | 13 | 10.8 | 47.1 | 40.6 | 60 | 50 | 达标 | 达标 | 社会生活 |
| | | | N85-2 | 铁路边界处 | 桥梁 | 30 | 10.8 | 47.1 | 40.6 | 60 | 50 | 达标 | 达标 | 社会生活 |
| | | | N85-3 | 居民房前 | 桥梁 | 45 | 10.8 | 47.1 | 40.6 | 60 | 50 | 达标 | 达标 | 噪声 |
| | | | N85-4 | 居民房前 | 桥梁 | 60 | 12.6 | 47.1 | 40.6 | 60 | 50 | 达标 | 达标 | 噪声 |
| 86 | 温河村 | DK169+550-DK171+700 | N86-1 | 第一排居民房 | 桥梁、路基 | 24 | -2.2 | 52.4 | 41.9 | 60 | 50 | 达标 | 达标 | 社会生活 |
| | | | N86-2 | 铁路边界处 | 桥梁、路基 | 30 | -2.2 | 52.4 | 41.9 | 60 | 50 | 达标 | 达标 | 社会生活 |
| | | | N86-3 | 居民房前 | 桥梁、路基 | 45 | -2.2 | 52.4 | 41.9 | 60 | 50 | 达标 | 达标 | 噪声 |
| | | | N86-4 | 居民房前 | 桥梁、路基 | 60 | -2.2 | 52.4 | 41.9 | 60 | 50 | 达标 | 达标 | 社会生活、交通 |
| 87 | 和平小学 | DK172+200-DK172+350 | N87-1 | 教学楼1层 | 路基 | 27 | -3.5 | 51.3 | 41.9 | — | — | — | — | 社会生活、交通 |
| | | | N87-2 | 教学楼3层 | 路基 | 27 | -9.5 | 52.4 | — | 60 | 60 | 达标 | 达标 | 噪声 |

## 4 渝万高速铁路建设对生态环境的影响分析

续表

| 序号 | 敏感点名称 | 线路里程 | 测点编号 | 测点位置 | 工程形式 | 距离 | 高差/m | 环境现状噪声/dB 昼 | 环境现状噪声/dB 夜 | 标准值/dB 昼 | 标准值/dB 夜 | 超标量/dB 昼 | 超标量/dB 夜 | 主要噪声源 |
|---|---|---|---|---|---|---|---|---|---|---|---|---|---|---|
| 87 | 和林小学 | DK172+200-DK172+350 | N87-3 | 铁路边界处 | 路堑 | 30 | -3.5 | 51.3 | 42.1 | 60 | 50 | 达标 | 达标 | 噪声、社会生活 |
| | | | N87-4 | 教师宿舍1层 | 路堑 | 60 | -3.5 | 51.3 | 42.1 | 60 | 50 | 达标 | 达标 | 社会生活 |
| | | | N87-5 | 教师宿舍5层 | 路堑 | 60 | -9.5 | 52.4 | 42.3 | 60 | 50 | 达标 | 达标 | 噪声 |
| 88 | 和林铺 | DK172+000-DK172+850 | N88-1 | 第一排居民房 | 路堑 | 25 | 3.5 | 52.9 | 43.2 | 60 | 50 | 达标 | 达标 | 社会生活 |
| | | | N88-2 | 铁路边界处 | 路堑 | 30 | 3.5 | 52.9 | 43.2 | 60 | 50 | 达标 | 达标 | 社会生活 |
| | | | N88-3 | 居民房前 | 路堑 | 45 | 3.5 | 52.9 | 43.2 | 60 | 50 | 达标 | 达标 | 噪声、交通 |
| | | | N88-4 | 第一排居民处 | 路堑 | 60 | 3.5 | 52.9 | 43.2 | 60 | 50 | 达标 | 达标 | 噪声 |
| 89 | 张竹园 | DK173+300-DK174+150 | N89-1 | 铁路边界处 | 路堑 | 19 | 17.4 | 51.6 | 42.2 | 60 | 50 | 达标 | 达标 | 社会生活 |
| | | | N89-2 | 铁路边界处 | 桥梁 | 30 | 17.4 | 51.6 | 42.2 | 60 | 50 | 达标 | 达标 | 噪声、交通 |
| | | | N89-3 | 居民房前 | 桥梁 | 45 | 17.4 | 51.6 | 42.2 | 60 | 50 | 达标 | 达标 | 噪声 |
| | | | N89-4 | 居民房前 | 桥梁 | 60 | 17.4 | 51.6 | 42.2 | 60 | 50 | 达标 | 达标 | 噪声 |
| 90 | 石柱坪 | DK174+450-DK174+700 | N90-1 | 第一排居民房 | 桥梁 | 14 | 12.9 | 51.4 | 41.9 | 60 | 50 | 达标 | 达标 | 社会生活 |
| | | | N90-2 | 铁路边界处 | 桥梁 | 30 | 12.9 | 51.4 | 41.9 | 60 | 50 | 达标 | 达标 | 社会生活 |
| | | | N90-3 | 居民房前 | 桥梁 | 45 | 12.9 | 51.4 | 41.9 | 60 | 50 | 达标 | 达标 | 噪声、交通 |
| | | | N90-4 | 居民房前 | 桥梁 | 60 | 12.9 | 51.4 | 41.9 | 60 | 50 | 达标 | 达标 | 噪声 |
| 91 | 金带小学（幼儿部） | DK175+050-DK175+200 | N91-1 | 铁路边界处 | 路堑 | 30 | -2.5 | 47.6 | 41.8 | 60 | 50 | 达标 | 达标 | 社会生活 |
| | | | N91-2 | 教学楼1层 | 路堑 | 105 | -2.5 | 47.6 | — | 60 | — | 达标 | — | 社会生活 |
| | | | N91-3 | 教学楼3层 | 路堑 | 105 | -8.5 | 47.6 | — | 60 | — | 达标 | — | 噪声 |
| 92 | 新金带小学 | DK175+550-DK175+750 | N92-1 | 铁路边界处 | 桥梁 | 30 | 7.5 | 51.2 | 41.8 | 60 | 50 | 达标 | 达标 | 社会生活 |
| | | | N92-2 | 教师办公楼1层 | 桥梁 | 106 | 7.5 | 51.2 | — | 60 | — | 达标 | — | 噪声 |
| | | | N92-3 | 教学楼1层 | 桥梁 | 106 | 1.5 | 52.6 | — | 60 | — | 达标 | — | 噪声 |
| | | | N92-4 | 教学楼1层 | 桥梁 | 136 | 7.5 | 51.2 | — | 60 | 60 | — | 达标 | 噪声 |

西南山区高速铁路建设绿色化技术与工程实践

续表

| 序号 | 敏感点名称 | 线路里程 | 测点编号 | 测点位置 | 本工程形式 | 距离 | 高差/m | 昼 | 夜 | 昼 | 夜 | 昼 | 夜 | 昼 | 夜 | 主要噪声源 |
|---|---|---|---|---|---|---|---|---|---|---|---|---|---|---|---|---|
| | | | | | 工程形式 | 距离 | 高差 | 采场现状噪声/dB | | 标准值/dB | | 超标量/dB | | | |
| 92 | 新金带小学 | DK175+550~DK175+750 | N92-5 | 教学楼3层 | 桥梁 | 136 | 1.5 | 52.6 | — | 60 | — | 达标 | — | 社会生活 |
| | | | N93-1 | 第一排居民房 | 桥梁 | 19 | 1.7 | 52.7 | 42.9 | 60 | 50 | 达标 | 达标 | 社会生活 |
| 93 | 金带镇 | DK175+050~DK175+900 | N93-2 | 铁路边果处 | 路堤 | 30 | 1.7 | 52.7 | 42.9 | 60 | 50 | 达标 | 达标 | 噪声 |
| | | | N93-3 | 居民房前 | 路堤 | 45 | 1.7 | 52.7 | 42.9 | 60 | 50 | 达标 | 达标 | 社会生活 |
| | | | N93-4 | 铁路边果处 | 路堤 | 60 | 1.7 | 52.7 | 42.9 | 60 | 50 | 达标 | 达标 | 噪声 |
| | | | N94-1 | 男生宿舍1层 | 路堤 | 30 | 1.1 | 52.8 | 43 | 60 | 50 | 达标 | 达标 | |
| 94 | 双桂堂中学 | DK175+900~DK176+200 | N94-2 | 男生宿舍1层 | 路堤 | 147 | -4.9 | 52.8 | 43 | 60 | 50 | 达标 | 达标 | 社会生活 |
| | | | N94-3 | 男生宿舍3层 | 路堤 | 147 | 1.1 | 53.4 | 43.2 | 60 | 50 | 达标 | 达标 | 噪声 |
| | | | N94-4 | 教学楼1层 | 路堤 | 175 | -4.9 | 52.8 | — | 60 | — | 达标 | — | |
| | | | N94-5 | 教学楼3层 | 路堤 | 175 | 2.5 | 53.4 | — | 60 | — | 达标 | — | |
| 95 | 汪家河坝 | DK176+250~DK177+400 | N95-1 | 第一排居民房 | 路堤 | 18 | 2.5 | 48.1 | 41.5 | 60 | 50 | 达标 | 达标 | 社会生活 |
| | | | N95-2 | 铁路边果处 | 路堤 | 30 | 2.5 | 48.1 | 41.5 | 60 | 50 | 达标 | 达标 | 噪声 |
| | | | N95-3 | 居民房前 | 路堤 | 45 | 2.5 | 48.1 | 41.5 | 60 | 50 | 达标 | 达标 | 社会生活 |
| | | | N95-4 | 居民房前 | 路堤 | 60 | 2.5 | 48.1 | 41.9 | 60 | 50 | 达标 | 达标 | 噪声 |
| 96 | 谢家院子 | DK177+500~DK178+750 | N96-1 | 第一排居民房 | 路堤 | 24 | 6.5 | 48.4 | 41.9 | 60 | 50 | 达标 | 达标 | 社会生活 |
| | | | N96-2 | 铁路边果处 | 路堤 | 30 | 6.5 | 48.4 | 41.9 | 60 | 50 | 达标 | 达标 | 噪声 |
| | | | N96-3 | 居民房前 | 路堤 | 45 | 6.5 | 48.4 | 41.9 | 60 | 50 | 达标 | 达标 | 社会生活 |
| | | | N96-4 | 居民房前 | 路堤 | 60 | 6.5 | 48.4 | 40.4 | 60 | 50 | 达标 | 达标 | 噪声 |
| 97 | 谭家院子 | DK178+800~DK179+250 | N97-1 | 第一排居民房 | 路堤 | 8 | 9.6 | 47.9 | 40.4 | 60 | 50 | 达标 | 达标 | 社会生活 |
| | | | N97-2 | 铁路边果处 | 桥梁 | 30 | 9.6 | 47.9 | 40.4 | 60 | 50 | 达标 | 达标 | 噪声 |
| | | | N97-3 | 居民房前 | 桥梁 | 45 | 9.6 | 47.9 | 40.4 | 60 | 50 | 达标 | 达标 | 社会生活 |
| | | | N97-4 | 居民房前 | 桥梁 | 60 | 9.6 | 47.9 | 40.4 | 60 | 50 | 达标 | 达标 | 噪声 |

## 4 渝万高速铁路建设对生态环境的影响分析

续表

| 序号 | 敏感点名称 | 线路里程 | 测点编号 | 测点位置 | 工程形式 | 距离/m | 高差/m | 环境现状噪声/dB 昼 | 环境现状噪声/dB 夜 | 标准值/dB 昼 | 标准值/dB 夜 | 超标量/dB 昼 | 超标量/dB 夜 | 主要噪声源 |
|---|---|---|---|---|---|---|---|---|---|---|---|---|---|---|
| 98 | 汪家河 | DK179+400~DK181+200 | N98-1 | 第一排居民房 | 路堤 | 21 | 1.3 | 47.5 | 41.1 | 60 | 50 | 达标 | 达标 | 噪声 |
|  |  |  | N98-2 | 铁路边界处 | 路堤 | 30 | 1.3 | 47.5 | 41.1 | 60 | 50 | 达标 | 达标 |  |
|  |  |  | N98-3 | 居民房前 | 路堑 | 45 | 1.3 | 47.5 | 41.1 | 60 | 50 | 达标 | 达标 | 社会生活 |
|  |  |  | N98-4 | 居民房前 | 路堑 | 60 | 1.3 | 47.5 | 41.1 | 60 | 50 | 达标 | 达标 | 噪声 |
| 99 | 曹家大院 | DK181+500~DK182+600 | N99-1 | 第一排居民房 | 路堑 | 27 | -4.5 | 48 | 41.3 | 60 | 50 | 达标 | 达标 | 社会生活 |
|  |  |  | N99-2 | 铁路边界处 | 路堑 | 30 | -4.4 | 48 | 41.3 | 60 | 50 | 达标 | 达标 | 社会生活 |
|  |  |  | N99-3 | 居民房前 | 路堑 | 45 | -4.5 | 48 | 41.3 | 60 | 50 | 达标 | 达标 | 噪声 |
|  |  |  | N99-4 | 居民房前 | 路堑 | 60 | -4.4 | 48 | 41.3 | 60 | 50 | 达标 | 达标 | 噪声 |
| 100 | 大和村三组 | DK184+100~DK184+550 | N100-1 | 铁路边界处 | 路堤 | 30 | -1.6 | 51.6 | 42.1 | 60 | 50 | 达标 | 达标 | 社会生活 |
|  |  |  | N100-2 | 居民房前 | 路堤 | 40 | -1.6 | 51.6 | 42.1 | 60 | 50 | 达标 | 达标 | 社会生活 |
|  |  |  | N100-3 | 居民房前 | 路堑 | 60 | -4.6 | 51.6 | 42.1 | 60 | 50 | 达标 | 达标 | 噪声 |
| 101 | 刘家院子 | DK184+700~DK184+930 | N101-1 | 第一排居民房 | 桥梁 | 24 | 6.5 | 50.3 | 41.7 | 60 | 50 | 达标 | 达标 | 社会生活 |
|  |  |  | N101-2 | 铁路边界处 | 桥梁 | 30 | 6.5 | 50.3 | 41.7 | 60 | 50 | 达标 | 达标 | 噪声 |
|  |  |  | N101-3 | 居民房前 | 桥梁 | 45 | 6.5 | 50.3 | 41.7 | 60 | 50 | 达标 | 达标 | 社会生活 |
|  |  |  | N101-4 | 居民房前 | 桥梁 | 60 | 6.5 | 50.3 | 41.7 | 60 | 50 | 达标 | 达标 | 噪声 |
| 102 | 袁家院子 | DK185+470~DK185+800 | N102-1 | 第一排居民房 | 桥梁 | 9 | 3.6 | 50.2 | 41.6 | 60 | 50 | 达标 | 达标 | 社会生活 |
|  |  |  | N102-2 | 铁路边界处 | 桥梁 | 30 | 11.9 | 50.2 | 41.6 | 60 | 50 | 达标 | 达标 | 社会生活 |
|  |  |  | N102-3 | 居民房前 | 桥梁 | 45 | 11.9 | 50.2 | 41.6 | 60 | 50 | 达标 | 达标 | 社会生活 |
|  |  |  | N102-4 | 居民房前 | 桥梁 | 60 | 11.9 | 50.2 | 41.6 | 60 | 50 | 达标 | 达标 | 社会生活 |
| 103 | 红旗中学 | D1K187+000~D1K187+300 | N103-1 | 教学楼1层 | 桥梁 | 179 | 46 | 53.5 | 44.1 | 60 | 50 | 达标 | 达标 | 噪声,交通 |
|  |  |  | N103-2 | 教学楼5层 | 桥梁 | 179 | 26 | 54.6 | 44.9 | 60 | 50 | 达标 | 达标 | 噪声 |

西南山区高速铁路建设绿色化技术与工程实践

续表

| 序号 | 敏感点名称 | 线路里程 | 测点编号 | 测点位置 | 工程形式 | 距离/m | 高差/m | 环境现状噪声/dB 昼 | 环境现状噪声/dB 夜 | 标准值/dB 昼 | 标准值/dB 夜 | 超标量/dB 昼 | 超标量/dB 夜 | 主要噪声源 |
|------|----------|--------|--------|----------|----------|--------|--------|----------------|----------------|------------|------------|------------|------------|------------|
| 111 | 唐家院子 | D1K195+500~D1K196+000 | N111-1 | 第一排居民房 | 桥梁 | 10 | 54.6 | 47.1 | 40.2 | 60 | 50 | 达标 | 达标 | 社会生活 |
|  |  |  | N111-2 | 铁路边界处 | 桥梁 | 30 | 54.6 | 47.1 | 40.2 | 60 | 50 | 达标 | 达标 |  |
|  |  |  | N111-3 | 居民房前 | 桥梁 | 45 | 54.6 | 47.1 | 40.2 | 60 | 50 | 达标 | 达标 |  |
|  |  |  | N111-4 | 第一排居民房 | 桥梁 | 60 | 15.3 | 47.1 | 40.2 | 60 | 50 | 达标 | 达标 | 噪声 |
| 112 | 大黄湾 | D1K196+900~D1K199+300 | N112-1 | 第一排居民房 | 路基 | 22 | 0 | 46.8 | 40.5 | 60 | 50 | 达标 | 达标 | 社会生活 |
|  |  |  | N112-2 | 铁路边界处 | 路基 | 30 | 0 | 46.8 | 40.5 | 60 | 50 | 达标 | 达标 |  |
|  |  |  | N112-3 | 居民房前 | 路基 | 45 | 0 | 46.8 | 40.5 | 60 | 50 | 达标 | 达标 |  |
|  |  |  | N112-4 | 居民房前 | 路基 | 60 | 0 | 46.8 | 40.5 | 60 | 50 | 达标 | 达标 | 噪声 |
| 113 | 夏家院子 | D1K199+600~D1K200+400 | N113-1 | 第一排居民房 | 桥梁 | 11 | 12.8 | 47.4 | 40.5 | 60 | 50 | 达标 | 达标 | 社会生活 |
|  |  |  | N113-2 | 铁路边界处 | 桥梁 | 30 | 12.8 | 47.4 | 40.5 | 60 | 50 | 达标 | 达标 |  |
|  |  |  | N113-3 | 居民房前 | 桥梁 | 45 | 12.8 | 47.4 | 40.5 | 60 | 50 | 达标 | 达标 |  |
|  |  |  | N113-4 | 居民房前 | 桥梁 | 60 | 12.8 | 47.4 | 40.5 | 60 | 50 | 达标 | 达标 | 噪声 |
| 114 | 老坟山 | D1K200+550~D1K202+050 | N114-1 | 第一排居民房 | 路基 | 25 | 5.9 | 47.7 | 40.3 | 60 | 50 | 达标 | 达标 | 社会生活 |
|  |  |  | N114-2 | 铁路边界处 | 路基 | 30 | 5.9 | 47.7 | 40.3 | 60 | 50 | 达标 | 达标 |  |
|  |  |  | N114-3 | 居民房前 | 路基 | 45 | 5.9 | 47.7 | 40.3 | 60 | 50 | 达标 | 达标 |  |
|  |  |  | N114-4 | 居民房前 | 路基 | 60 | 5.9 | 47.7 | 40.3 | 60 | 50 | 达标 | 达标 | 噪声 |
| 115 | 火龙桥 | D1K208+300~D1K209+700 | N115-1 | 第一排居民房 | 路基 | 26 | -1.3 | 51.3 | 42.1 | 60 | 50 | 达标 | 达标 | 社会生活 |
|  |  |  | N115-2 | 铁路边界处 | 路基 | 30 | -1.3 | 51.3 | 42.1 | 60 | 50 | 达标 | 达标 |  |
|  |  |  | N115-3 | 居民房前 | 路基 | 45 | -1.3 | 51.3 | 42.1 | 60 | 50 | 达标 | 达标 |  |
|  |  |  | N115-4 | 居民房前 | 路基 | 60 | -1.3 | 51.3 | 42.1 | 60 | 50 | 达标 | 达标 | 噪声 |

## 4 渝万高速铁路建设对生态环境的影响分析

续表

| 序号 | 敏感点名称 | 线路里程 | 测点编号 | 测点位置 | 工程形式 | 距离 | 高差 | 环境现状噪声/dB 昼 | 环境现状噪声/dB 夜 | 标准值/dB 昼 | 标准值/dB 夜 | 超标量/dB 昼 | 超标量/dB 夜 | 主要噪声源 |
|---|---|---|---|---|---|---|---|---|---|---|---|---|---|---|
| 116 | 老屋基（严家湾、大树湾） | D1K218+900-D1K219+900 | N116-1 | 第一排居民房 | 桥梁 | 26 | 6.5 | 47.2 | 40.9 | 60 | 50 | 达标 | 达标 | 社会生活噪声 |
|  |  |  | N116-2 | 铁路边界处 | 桥梁 | 30 | 6.5 | 47.2 | 40.9 | 60 | 50 | 达标 | 达标 |  |
|  |  |  | N116-3 | 居民房前 | 桥梁 | 45 | 6.5 | 47.2 | 40.9 | 60 | 50 | 达标 | 达标 |  |
|  |  |  | N116-4 | 居民房前 | 桥梁 | 60 | 6.5 | 47.2 | 40.9 | 60 | 50 | 达标 | 达标 |  |
| 117 | 朱家湾 | D1K220+900-D1K221+100 | N117-1 | 第一排居民房 | 桥梁 | 10 | 7.5 | 47.6 | 40.8 | 60 | 50 | 达标 | 达标 | 社会生活噪声 |
|  |  |  | N117-2 | 铁路边界处 | 桥梁 | 30 | 7.5 | 47.6 | 40.8 | 60 | 50 | 达标 | 达标 |  |
|  |  |  | N117-3 | 居民房前 | 桥梁 | 45 | 7.5 | 47.6 | 40.8 | 60 | 50 | 达标 | 达标 |  |
|  |  |  | N117-4 | 居民房前 | 桥梁 | 60 | 7.5 | 47.6 | 40.8 | 60 | 50 | 达标 | 达标 |  |
| 118 | 刘家院子 | D1K221+350-D1K222+100 | N118-1 | 第一排居民房 | 桥梁 | 8 | 31.6 | 47.9 | 41.3 | 60 | 50 | 达标 | 达标 | 社会生活噪声 |
|  |  |  | N118-2 | 铁路边界处 | 桥梁 | 30 | 31.6 | 47.9 | 41.3 | 60 | 50 | 达标 | 达标 |  |
|  |  |  | N118-3 | 居民房前 | 桥梁 | 45 | 31.6 | 47.9 | 41.3 | 60 | 50 | 达标 | 达标 |  |
|  |  |  | N118-4 | 居民房前 | 桥梁 | 60 | 31.6 | 47.9 | 41.3 | 60 | 50 | 达标 | 达标 | 噪声 |
| 119 | 穿新村七组 | D1K223+700-D1K224+050 | N119-1 | 第一排居民房 | 桥梁 | 20 | 21 | 47.2 | 40.4 | 60 | 50 | 达标 | 达标 | 社会生活噪声 |
|  |  |  | N119-2 | 铁路边界处 | 桥梁 | 30 | 21 | 47.2 | 40.4 | 60 | 50 | 达标 | 达标 |  |
|  |  |  | N119-3 | 居民房前 | 桥梁 | 45 | 21 | 47.2 | 40.4 | 60 | 50 | 达标 | 达标 |  |
|  |  |  | N119-4 | 居民房前 | 桥梁 | 60 | 21 | 47.2 | 40.4 | 60 | 50 | 达标 | 达标 | 噪声 |
| 120 | 新桥 | D1K224+200-D1K225+100 | N120-1 | 第一排居民房 | 桥梁 | 9 | 20.9 | 47.5 | 40.5 | 60 | 50 | 达标 | 达标 | 社会生活噪声 |
|  |  |  | N120-2 | 铁路边界处 | 桥梁 | 30 | 20.9 | 47.5 | 40.5 | 60 | 50 | 达标 | 达标 |  |
|  |  |  | N120-3 | 居民房前 | 桥梁 | 45 | 20.9 | 47.5 | 40.5 | 60 | 50 | 达标 | 达标 |  |
|  |  |  | N120-4 | 居民房前 | 桥梁 | 60 | 20.9 | 47.5 | 40.5 | 60 | 50 | 达标 | 达标 |  |
| 121 | 三正村一组 | D1K225+350-D1K225+950 | N121-1 | 第一排居民房 | 桥梁 | 23 | 17 | 47.8 | 40.5 | 60 | 50 | 达标 | 达标 | 社会生活噪声 |
|  |  |  | N121-2 | 铁路边界处 | 桥梁 | 30 | 17 | 47.8 | 40.6 | 60 | 50 | 达标 | 达标 | 噪声 |

西南山区高速铁路建设绿色化技术与工程实践

| 序号 | 敏感点名称 | 线路里程 | 测点编号 | 测点位置 | 工程形式 | 距离/m | 高差/m | 环境现状噪声/dB | | 标准值/dB | | 超标量/dB | | 主要噪声源 |
|---|---|---|---|---|---|---|---|---|---|---|---|---|---|---|
| | | | | | | | | 昼 | 夜 | 昼 | 夜 | 昼 | 夜 | |
| 121 | 三正村一组 | D1K225+350~D1K225+950 | N121-3 | 居民房前 | 桥梁 | 45 | 17 | 47.8 | 40.6 | 60 | 50 | 达标 | 达标 | 社会生活 |
| | | | N121-4 | 居民房前 | 桥梁 | 60 | 17 | 47.8 | 40.6 | 60 | 50 | 达标 | 达标 | 噪声 |
| 122 | 李家院子 | D1K227+100~D1K227+300 | N122-1 | 第一排居民房 | 桥梁 | 19 | 20.1 | 47.1 | 40.5 | 60 | 50 | 达标 | 达标 | 社会生活 |
| | | | N122-2 | 铁路边界处 | 桥梁 | 30 | 20.1 | 47.1 | 40.5 | 60 | 50 | 达标 | 达标 | 噪声 |
| | | | N122-3 | 居民房前 | 桥梁 | 103 | 20.1 | 47.1 | 40.5 | 60 | 50 | 达标 | 达标 | 社会生活 |
| 123 | 余家沟 | D1K229+000~D1K229+200 | N123-1 | 铁路边界处 | 桥梁 | 30 | 15.3 | 46.8 | 40.3 | 60 | 50 | 达标 | 达标 | 社会生活 |
| | | | N123-2 | 第一排居民房 | 桥梁 | 80 | 15.3 | 46.8 | 40.3 | 60 | 50 | 达标 | 达标 | 噪声 |
| 124 | 廖 沟 | D1K241+700~D1K242+000 | N124-1 | 铁路边界/ 第一排居民房前 | 桥梁 | 30 | 2.4 | 47.4 | 40.6 | 60 | 50 | 达标 | 达标 | 社会生活 |
| | | | N124-2 | 居民房前 | 桥梁 | 45 | 2.4 | 47.4 | 40.6 | 60 | 50 | 达标 | 达标 | 噪声 |
| | | | N124-3 | 居民房前 | 桥梁 | 60 | 2.4 | 47.4 | 40.6 | 60 | 50 | 达标 | 达标 | |
| 125 | 陈家沟 | D1K244+200~D1K244+450 | N125-1 | 铁路边界处 | 路基 | 30 | 10.2 | 47.6 | 40.3 | 60 | 50 | 达标 | 达标 | 社会生活 |
| | | | N125-2 | 居民房前 | 路基 | 37 | 10.2 | 47.6 | 40.3 | 60 | 50 | 达标 | 达标 | 噪声 |
| | | | N125-3 | 居民房前 | 路基 | 60 | 10.2 | 47.6 | 40.3 | 60 | 50 | 达标 | 达标 | |
| 126 | 朗家湾 | D1K245+900~D1K246+250 | N126-1 | 第一排居民房 | 桥梁 | 12 | 24.3 | 51.0 | 48.7 | 60 | 50 | 达标 | 达标 | 社会生活 |
| | | | N126-2 | 铁路边界处 | 桥梁 | 30 | 24.3 | 51.0 | 48.7 | 60 | 50 | 达标 | 达标 | 噪声、交通 |
| | | | N126-3 | 居民房前 | 桥梁 | 45 | 24.3 | 51.0 | 48.7 | 60 | 50 | 达标 | 达标 | 噪声 |
| | | | N126-4 | 居民房前 | 桥梁 | 60 | 24.3 | 51.0 | 48.7 | 60 | 50 | 达标 | 达标 | |
| 127 | 沙梯子 | DK247+050~DK248+000 | N127-1 | 第一排居民房 | 桥梁 | 20 | 42.9 | 46.6 | 40.3 | 60 | 50 | 达标 | 达标 | 社会生活 |
| | | | N127-2 | 铁路边界处 | 桥梁 | 30 | 42.9 | 46.6 | 40.3 | 60 | 50 | 达标 | 达标 | 噪声 |
| | | | N127-3 | 居民房前 | 桥梁 | 45 | 42.9 | 46.6 | 40.3 | 60 | 50 | 达标 | 达标 | |
| | | | N127-4 | 居民房前 | 桥梁 | 60 | 42.9 | 46.6 | 40.3 | 60 | 50 | 达标 | 达标 | |

## 4 渝万高速铁路建设对生态环境的影响分析

续表

| 序号 | 敏感点名称 | 线路里程 | 测点编号 | 测点位置 | 工程形式 | 距离 | 高差 | 环境现状噪声/dB 昼 | 环境现状噪声/dB 夜 | 标准值/dB 昼 | 标准值/dB 夜 | 超标量/dB 昼 | 超标量/dB 夜 | 主要噪声源 |
|---|---|---|---|---|---|---|---|---|---|---|---|---|---|---|
| 128 | 天地（梯子岩） | DK248+600~DK249+100 | N128-1 | 第一排居民房 | 路基 | 10 | -21 | 58.1 | 50.5 | 60 | 50 | 达标 | 0.5 | 社会生活 |
|  |  |  | N128-2 | 铁路边民房 | 路基 | 30 | -21 | 58.1 | 50.5 | 60 | 50 | 达标 | 0.5 | 噪声 |
|  |  |  | N128-3 | 居民房处 | 路基 | 45 | -21 | 58.1 | 50.5 | 60 | 50 | 达标 | 0.5 | 噪声、公路交通噪声 |
|  |  |  | N128-4 | 居民房前 | 路堑 | 60 | -21 | 58.1 | 50.5 | 60 | 50 | 达标 | 0.5 |  |
| 129 | 孔家院子 | DK249+200~DK249+860 | N129-1 | 第一排居民房 | 桥梁 | 16 | 3.8 | 47.0 | 40.5 | 60 | 50 | 达标 | 达标 | 社会生活噪声 |
|  |  |  | N129-2 | 铁路边民房 | 桥梁 | 30 | 3.8 | 47.0 | 40.5 | 60 | 50 | 达标 | 达标 |  |
|  |  |  | N129-3 | 居民房处 | 桥梁 | 45 | 3.8 | 47.0 | 40.5 | 60 | 50 | 达标 | 达标 |  |
|  |  |  | N129-4 | 居民房前 | 桥梁 | 60 | 3.8 | 47.0 | 40.5 | 60 | 50 | 达标 | 达标 |  |

西南山区高速铁路建设绿色化技术与工程实践

表 4.11 沿线振动现状监测结果

| 序号 | 敏感点名称 | 线路里程 | 测点位置 | 线路形式 | 距离 | 高差/m | 建筑类型 | 现状监测值/dB 昼 | 现状监测值/dB 夜 | 标准/dB 昼 | 标准/dB 夜 | 超标量 昼 | 超标量 夜 |
|---|---|---|---|---|---|---|---|---|---|---|---|---|---|
| 1 | 杨明山水 | ZYLDK1+100~ZYLDK1+200 | 第一排居民房前0.5m | 隧道 | 22 | -18.3 | I类 | <60 | <60 | 70 | 67 | 达标 | 达标 |
| 2 | 兰溪小区 | ZYLDK1+430~ZYLDK1+800 | 第一排居民房前0.5m（铁路边界处） | 隧道 | 30 | -3.4 | II类 | 65.2 | 63.8 | 80 | 80 | 达标 | 达标 |
| 3 | 华明桥 | D1K11+260~D1K11+500 | 第一排居民房前0.5m | 路基 | 9 | 11.9 | III类 | <60 | <60 | 70 | 67 | 达标 | 达标 |
| 4 | 杜上 | D1K14+000~D1K14+400 | 第一排居民房前0.5m | 桥梁 | 17 | 9.2 | III类 | <60 | <60 | 70 | 67 | 达标 | 达标 |
| 5 | 新房子 | D1K14+950~D1K15+100 | 居民房前0.5m | 桥梁 | 42 | 32.9 | III类 | <60 | <60 | 70 | 67 | 达标 | 达标 |
| 6 | 胡家沟 | D1K19+350~D1K19+550 | 第一排居民房前0.5m | 桥梁 | 13 | 18.7 | III类 | <60 | <60 | 70 | 67 | 达标 | 达标 |
| 7 | 双溪村（双溪公租房） | D1K20+930~D1K21+270 | 居民房前0.5m | 桥梁 | 40 | 10.6 | II类 | <60 | <60 | 70 | 67 | 达标 | 达标 |
| 8 | 新瑞薄 | D1K26+250~D1K26+600 | 第一排居民房前0.5m | 路堤 | 21 | -3.4 | III类 | <60 | <60 | 70 | 67 | 达标 | 达标 |
| 9 | 龙井 | D1K27+200~D1K27+900 | 第一排居民房前0.5m | 路堤 | 13 | 1.0 | III类 | <60 | <60 | 70 | 67 | 达标 | 达标 |
| 10 | 小屋基 | D1K28+850~D1K29+500 | 第一排居民房前0.5m | 路堤 | 25 | 18.5 | III类 | <60 | <60 | 70 | 67 | 达标 | 达标 |
| 11 | 陈家沟 | D1K35+050~D1K35+300 | 第一排居民房前0.5m | 路堤 | 10 | 16.1 | III类 | <60 | <60 | 70 | 67 | 达标 | 达标 |
| 12 | 胡家麻子 | D1K35+800~D1K42+100 | 第一排居民房前0.5m | 桥梁 | 13 | 13.2 | III类 | <60 | <60 | 70 | 67 | 达标 | 达标 |
| 13 | 赖家班 | D1K38+000~D1K38+300 | 第一排居民房前0.5m | 桥梁 | 24 | 30.8 | III类 | <60 | <60 | 70 | 67 | 达标 | 达标 |
| 14 | 东山堡（王家塘） | D1K39+200~D1K40+200 | 居民房前0.5m | 路堤 | 36 | -3.1 | III类 | <60 | <60 | 70 | 67 | 达标 | 达标 |
| 15 | 鲁水子（下湾）大屋基 | D1K40+800~D1K41+650 | 居民房前0.5m | 路堤 | 45 | -6.0 | III类 | <60 | <60 | 70 | 67 | 达标 | 达标 |
| 16 | 胡黄桥 | D1K41+950~D1K42+250 | 居民房前0.5m | 路堤 | 36 | 15.1 | III类 | <60 | <60 | 70 | 67 | 达标 | 达标 |
| 17 | 班竹林(黄嘴坝、肖家湾) | D1K42+400~D1K43+300 | 居民房前0.5m | 桥梁 | 36 | 17.1 | III类 | <60 | <60 | 70 | 67 | 达标 | 达标 |

## 4 渝万高速铁路建设对生态环境的影响分析

续表

| 序号 | 敏感点名称 | 线路里程 | 测点位置 | 线路形式 | 距离 | 高差 | 建筑类型 | 现状监测值/dB 昼 | 现状监测值/dB 夜 | 标准/dB 昼 | 标准/dB 夜 | 超标量/dB 昼 | 超标量/dB 夜 |
|---|---|---|---|---|---|---|---|---|---|---|---|---|---|
| 18 | 唐湾（王家大湾、后湾） | D1K43+400-D1K44+100 | 第一排居民房前 0.5m | 桥梁 | 26 | -0.5 | Ⅲ类 | <60 | <60 | 70 | 67 | 达标 | 达标 |
| 19 | 羊毛店子 | D1K44+300-CK45+350 | 第一排居民房前 0.5m（铁路边界处） | 桥梁 | 30 | 7.1 | Ⅲ类 | <60 | <60 | 70 | 67 | 达标 | 达标 |
| 20 | 夏家沟（简家湾） | D1K45+450-D1K46+200 | 第一排居民房前 0.5m | 桥梁 | 14 | 30.4 | Ⅲ类 | <60 | <60 | 70 | 67 | 达标 | 达标 |
| 21 | 大田湾 | D1K46+250-D1K47+800 | 第一排居民房前 0.5m | 桥梁 | 11 | 23.2 | Ⅲ类 | <60 | <60 | 70 | 67 | 达标 | 达标 |
| 22 | 怀山子 | D1K48+100-D1K48+390 | 居民房前 0.5m | 桥梁 | 36 | 12.0 | Ⅲ类 | <60 | <60 | 70 | 67 | 达标 | 达标 |
| 23 | 周家河坝（背后湾） | D2K54+300-D2K55+000 | 居民房前 0.5m | 路基 | 60 | -12.4 | Ⅲ类 | <60 | <60 | 70 | 67 | 达标 | 达标 |
| 24 | | D1K60+150-D1K60+950 | 第一排居民房前 0.5m | 桥梁 | 13 | 13.1 | Ⅲ类 | <60 | <60 | 70 | 67 | 达标 | 达标 |
| 25 | 陶家湾 | D1K63+900-CK64+350 | 第一排居民房前 0.5m | 桥梁 | 25 | 6.7 | Ⅲ类 | <60 | <60 | 70 | 67 | 达标 | 达标 |
| 26 | 中湾、储家湾 | D1K71+450-D1K72+200 | 第一排居民房前 0.5m | 桥梁 | 14 | 10.0 | Ⅲ类 | <60 | <60 | 70 | 67 | 达标 | 达标 |
| 27 | 万家湾 | D1K72+300-D1K72+750 | 第一排居民房前 0.5m | 桥梁 | 11 | 11.5 | Ⅲ类 | <60 | <60 | 70 | 67 | 达标 | 达标 |
| 28 | 李堂湾、叶家湾 | D1K75+400-D1K75+850 | 居民房前 0.5m | 桥梁 | 32 | 2.2 | Ⅲ类 | <60 | <60 | 70 | 67 | 达标 | 达标 |
| 29 | 田水井、茶杆湾 | D1K75+950-D1K76+600 | 第一排居民房前 0.5m | 桥梁 | 8 | 22.8 | Ⅲ类 | <60 | <60 | 70 | 67 | 达标 | 达标 |
| 30 | 焦家中湾 | D1K77+300-D1K77+600 | 第一排居民房前 0.5m | 桥梁 | 16 | 7.9 | Ⅲ类 | <60 | <60 | 70 | 67 | 达标 | 达标 |
| 31 | 仁家湾 | D1K77+450-D1K80+200 | 第一排居民房前 0.5m | 桥梁 | 20 | 22.4 | Ⅲ类 | <60 | <60 | 70 | 67 | 达标 | 达标 |
| 32 | 廖家湾、熊家湾 下侯拐湾 | D1K80+500-D1K82+180 | 第一排居民房前 0.5m | 桥梁 | 11 | 17.8 | Ⅲ类 | <60 | <60 | 70 | 67 | 达标 | 达标 |
| 33 | 吕合篓子 | D1K82+180-D1K82+300 | 居民房前 0.5m | 隧道 | 45 | -15.8 | Ⅲ类 | <60 | <60 | 70 | 67 | 达标 | 达标 |
| 34 | 双忠街道 | D1K84+800-D1K85+800 | 第一排居民房前 0.5m | 路基 | 20 | 1.1 | Ⅲ类 | <60 | <60 | 70 | 67 | 达标 | 达标 |
| 35 | | D1K86+000-D1K87+100 | 第一排居民房前 0.5m | 桥梁 | 10 | 9.3 | Ⅱ类 | <60 | <60 | 70 | 67 | 达标 | 达标 |

 西南山区高速铁路建设绿色化技术与工程实践

续表

| 序号 | 敏感点名称 | 线路里程 | 测点位置 | 线路形式 | 距离 | 高差 | 建筑类型 | 现状监测值/dB 昼 | 现状监测值/dB 夜 | 标准/dB 昼 | 标准/dB 夜 | 达标 昼 | 达标 夜 |
|---|---|---|---|---|---|---|---|---|---|---|---|---|---|
| 36 | 双龙中心幼儿园 | D1K86+150-D1K86+230 | 教师宿舍前0.5m | 桥梁 | 14 | 8.7 | II类 | <60 | <60 | 70 | 67 | 达标 | 达标 |
| 37 | 庄子湾聚居点 | D1K87+500-D1K89+250 | 第一排居民房前0.5m | 桥梁 | 58 | 12.0 | II类 | <60 | <60 | 70 | 67 | 达标 | 达标 |
| 38 | 鼓山湾、裴家湾 | D1K89+500-D1K92+950 | 第一排居民房前0.5m | 桥梁 | 8 | 11.7 | III类 | <60 | <60 | 70 | 67 | 达标 | 达标 |
| 39 | 向朝门、陶家小湾 | D1K93+050-D2K94+500 | 第一排居民房前0.5m | 桥梁 | 10 | 13.6 | III类 | <60 | <60 | 70 | 67 | 达标 | 达标 |
| 40 | 油房、鹿头坟 | D2K94+800-D2K96+800 | 第一排居民房前0.5m（铁路两侧） | 路堑 | 30 | 3.2 | III类 | <60 | <60 | 70 | 67 | 达标 | 达标 |
| 41 | 石安农场 | D2K97+200-D2K97+450 | 居民房前0.5m | 桥梁 | 33 | -2.4 | III类 | <60 | <60 | 70 | 67 | 达标 | 达标 |
| 42 | 范家湾 | DK97+700-DK99+100 | 第一排居民房前0.5m | 桥梁 | 18 | 16.2 | III类 | <60 | <60 | 70 | 67 | 达标 | 达标 |
| 43 | 石堡山 | DK99+000-DK99+850 | 第一排居民房前0.5m | 路堑 | 8 | 22.9 | III类 | <60 | <60 | 70 | 67 | 达标 | 达标 |
| 44 | 陈家桥 | DK100+300-DK100+950 | 第一排居民房前0.5m | 路堑 | 23 | 2.4 | III类 | <60 | <60 | 70 | 67 | 达标 | 达标 |
| 45 | 李家桥 | DK101+500-DK102+100 | 第一排居民房前0.5m | 路堑 | 22 | -2.4 | III类 | <60 | <60 | 70 | 67 | 达标 | 达标 |
| 46 | 李家湾 | DK102+500-DK105+100 | 第一排居民房前0.5m | 路堑 | 27 | -7.0 | III类 | <60 | <60 | 70 | 67 | 达标 | 达标 |
| 47 | 鹤岩新村 | DK105+450-DK106+100 | 居民房前0.5m | 桥梁 | 24 | 2.0 | III类 | <60 | <60 | 70 | 67 | 达标 | 达标 |
| 48 | 细湾、毛家坎 | DK106+300-DK107+450 | 第一排居民房前0.5m | 桥梁 | 34 | 1.0 | III类 | <60 | <60 | 70 | 67 | 达标 | 达标 |
| 49 | 许家宏 | DK109+400-DK110+500 | 第一排居民房前0.5m | 路堑 | 21 | -0.7 | III类 | <60 | <60 | 70 | 67 | 达标 | 达标 |
| 50 | 蒋坝子、新湾 | DK110+700-DK113+350 | 第一排居民房前0.5m | 路堑 | 25 | 6.8 | III类 | <60 | <60 | 70 | 67 | 达标 | 达标 |
| 51 | 大星基 | DK113+430-DK114+050 | 第一排居民房前0.5m | 桥梁 | 12 | 4.6 | III类 | <60 | <60 | 70 | 67 | 达标 | 达标 |
| 52 | 郭家湾 | DK114+100-DK115+600 | 第一排居民房前0.5m | 桥梁 | 12 | 10.7 | III类 | <60 | <60 | 70 | 67 | 达标 | 达标 |
| 53 | 许家湾 | DK115+700-DK116+800 | 第一排居民房前0.5m | 路堑 | 14 | 0.0 | III类 | <60 | <60 | 70 | 67 | 达标 | 达标 |
| 54 | 新房子、炮房湾 | DK117+400-DK119+600 | 第一排居民房前0.5m | 路堑 | 15 | 3.4 | III类 | <60 | <60 | 70 | 67 | 达标 | 达标 |
| 55 | 周家冲 | DK120+100-DK122+000 | 第一排居民房前0.5m | 桥梁 | 23 | 13.8 | III类 | <60 | <60 | 70 | 67 | 达标 | 达标 |

## 4 渝万高速铁路建设对生态环境的影响分析

续表

| 序号 | 敏感点名称 | 线路里程 | 测点位置 | 线路形式 | 距离/m | 高差 | 建筑类型 | 现状监测值/dB 昼 | 现状监测值/dB 夜 | 标准/dB 昼 | 标准/dB 夜 | 超标量/dB 昼 | 超标量/dB 夜 |
|---|---|---|---|---|---|---|---|---|---|---|---|---|---|
| 56 | 三星湾、齐齐家湾 | DK122+250-DK123+900 | 第一排居民房前 0.5m | 桥梁 | 11 | 23.6 | Ⅲ类 | <60 | <60 | 70 | 67 | 达标 | 达标 |
| 57 | 陈家湾、张家湾 | DK124+000-DK126+500 | 第一排居民房前 0.5m | 路堤 | 19 | 4.0 | Ⅲ类 | <60 | <60 | 70 | 67 | 达标 | 达标 |
| 58 | 九眼树 | DK126+750-DK126+950 | 居民房前 0.5m | 隧道 | 41 | -25.0 | Ⅲ类 | <60 | <60 | 70 | 67 | 达标 | 达标 |
| 59 | 何家湾、曾家湾 | DK127+400-D1K129+800 | 第一排居民房前 0.5m | 桥梁 | 11 | 7.8 | Ⅲ类 | <60 | <60 | 70 | 67 | 达标 | 达标 |
| 60 | 铁匠湾 | D1K130+500-D1K132+150 | 第一排居民房前 0.5m | 桥梁 | 16 | 4.6 | Ⅲ类 | <60 | <60 | 70 | 67 | 达标 | 达标 |
| 61 | 许家沟 | D1K133+800-D1K134+500 | 第一排居民房前 0.5m | 桥梁 | 10 | 0.9 | Ⅲ类 | <60 | <60 | 70 | 67 | 达标 | 达标 |
| 62 | 李家祠堂 | D1K134+900-D1K136+300 | 第一排居民房前 0.5m | 桥梁 | 10 | 19.5 | Ⅲ类 | <60 | <60 | 70 | 67 | 达标 | 达标 |
| 63 | 余家湾 | DK136+700-DK137+350 | 第一排居民房 | 路堑 | 20 | -3.2 | Ⅲ类 | <60 | <60 | 70 | 67 | 达标 | 达标 |
| 64 | 黄家河坝、彭家大冲 | DK137+600-DK139+000 | 第一排居民房前 0.5m | 桥梁 | 15 | 10.4 | Ⅲ类 | <60 | <60 | 70 | 67 | 达标 | 达标 |
| 65 | 郭家寨、熊家新湾、跌家湾 | DK139+100-DK139+800 | 居民房前 0.5m | 桥梁 | 50 | 4.2 | Ⅲ类 | <60 | <60 | 70 | 67 | 达标 | 达标 |

西南山区高速铁路建设绿色化技术与工程实践

根据现状监测结果，渝万高速铁路两侧铁路振动预测值均满足《城市区域环境振动标准》（GB 10070—88）之"铁路干线两侧"标准（昼/夜 80/80 dB）。

## 4.6 空 气

由于渝万高速铁路开通后列车车辆采用电力牵引，运营后对沿线空气环境无影响。因此，铁路建设对空气的影响主要表现为施工期空气污染，主要有以下几种原因：

1. 车辆、机械尾气污染

以燃油为动力的施工机械和运输车辆在施工场地附近会排放一定量的废气，特别是当施工过程占用了机动车道时，将引起交通道路的堵塞和汽车减速行驶，造成局部地区由施工设备和车辆产生的废气在总量上有所增加，污染周围大气环境。施工机械、车辆的尾气排放形成污染将伴随工程的全过程，其影响仅限于局部某一点周围（如柴油发电机）和施工运输道路两侧局部区域。对此类污染难以采取实质措施，相对于环境容量而言其影响较微弱。

2. 施工扬尘影响

从施工准备阶段开始，直至工程验交，扬尘污染始终是施工期间最主要的大气污染源。从开辟施工便道、土石方调配、建筑物施工，直至工程竣工后场地清理、恢复等诸多环节，沿线施工现场及连通道路周围都将受到扬尘污染。

工程施工过程产生的粉尘与施工方式、施工机械化程度、施工区的土质、弃土的装卸运输条件及气候条件等多种因素有关。粉尘的产生源主要有：

（1）干燥地表的开挖和钻孔产生的粉尘，一部分悬浮于空气中，一部分随风飘落到附近地面和建筑物表面。

（2）开挖的泥土在未运走前被晒干和受风作用，变成粉尘扬起带到空气中。

（3）开挖出来的泥土在装卸过程中造成部分粉尘扬起和洒落。

（4）弃土运输过程中，车辆把原先散落地面的尘土再次扬起，同时又带出新的泥土，为产生新的扬尘提供条件。

（5）在施工期间，植被破坏，地表裸露，水分蒸发，形成干松颗粒，使地表松散，在风力较大时或回填土方时，均会产生粉尘扬起。

运输车辆引起的二次扬尘影响时间最长。另外，土石方调配、物料运输产生的扬尘与气候、车速、路况等因素有关。由于本工程沿线区域空气湿度相对较大，土壤湿润，影响范围会相对较小。

一方面，扬尘随风飘落到附近地面或植物叶、茎、花表面，使其生长受到一定影响；另一方面，扬尘易被施工人员和周围人群吸入，易引起呼吸道疾病。但其影响范围是局部的、短暂的，施工中通过采取适当降尘措施后，其影响轻微。

## 4.7 固体废弃物

渝万高速铁路建设产生的固体废物主要分施工期和运营期2种情况而不同。

4 渝万高速铁路建设对生态环境的影响分析

### 4.7.1 施工期固体废弃物影响分析

在工程建设中，对沿线环境造成影响的施工固体废弃物主要包括：建筑废料、生活垃圾。

1. 建筑废料

建筑废料包括拆除既有建筑物产生的废料（拆除废料）和建造建筑物产生的废料（施工废料）。拆除废料主要以碎砖、混凝土、碎瓦等为主；施工废料主要包括石材、混凝土、砂浆、桩头、包装材料等。

2. 生活垃圾

生活垃圾是由于施工工作业人员在日常生活中所产生的废弃物，主要包括煤灰、砖渣、玻璃、塑料、木草、废纸、果皮等，以煤灰、砖渣等无机物为主，食堂垃圾、塑料、纸屑等有机物只占次要部分。

施工阶段产生的建筑废物和生活垃圾，若不加处置，会对沿线施工现场周边的环境、景观、土地植被，特别是对沿线城镇居民住宅区、农田等区域的土壤、空气和水环境造成污染。

### 4.7.2 运营期固体废弃物影响分析

运营期车站固体废物主要来自沿线车站旅客列车垃圾、候车垃圾以及生产办公区及生活垃圾。主要垃圾种类为塑料瓶（袋）、废纸屑、瓜皮果壳等生活废弃物。

如果处置不当，这些废弃物将给站、段、点附近的空气环境、水环境、环境卫生及景观等造成影响。

## 4.8 地表水环境

渝万高速铁路主要跨越的河流有御临河、卧龙河、回龙河、龙溪河等地表水体，在万州区穿越了清泉自来水厂水源保护区、敬家河水厂水源保护区和福寺供水站水源保护区 3 处非一级水源保护区。

### 4.8.1 工程对水源保护区的影响分析

1. 对清泉自来水厂水源保护区的影响分析

清泉自来水厂为万州区分水镇集中式生活饮用水源保护区，渝万铁路位于取水口上游，以分水镇隧道的形式于 DIK216+880、DIK217+320 两次穿越水源保护区所在区域，线路距下游取水口的距离分别为 900 m 和 740 m。于 HD1K0+370 设置横洞带平导洞口，洞口距水源地补给源之一的蛇皮冲水库最近距离约 300 m，且位于水库下游。隧道出入口和辅助坑道洞口均不位于水源保护区范围内。铁路与水源保护区位置关系如图 4.3 所示。

图 4.3 渝万铁路与清泉水厂水源保护区的位置关系示意

由于渝万高速铁路不涉及水源保护区的一级水源保护区。工程以隧道形式通过，且隧道进出口、横洞带平导洞口均位于保护区以外，取消原通风斜井。初步设计中虽在平导通道右侧设置 6 个横通道，但横通道埋深与隧道基本等高，且均不在地面设出口。工程不会对水源地的水质产生影响。

2. 对敬家河水厂水源保护区的影响分析

敬家河水厂为万州区分水镇集中式生活饮用水源保护区，水源为高视河沟，水源类型为次级河流。一级保护区水域范围为高视河沟取水口上游 1 000 m、下游 100 m 的整个河宽水域，二级保护区水域范围为上游 1 000 m 至 3 000 m、下游 100 m 至 200 m 的整个河宽水域，保护区陆域纵深范围为洪水期正常水位河道边缘水平纵深 30 m。

渝万高速铁路位于取水口上游，分别以老屋寨中桥、牛栏冲大桥、大树湾大桥和金银沟大桥 4 次跨越水源保护区二级保护范围所在区域：老屋寨中桥距下游取水口 1 700 m、牛栏冲大桥距下游取水口 1 430 m、大树湾大桥距下游取水口 1 270 m、金银沟大桥距下游取水口 1 250 m，大桥均不设水中墩。工程与水源保护保护区位置关系如图 4.4 所示。

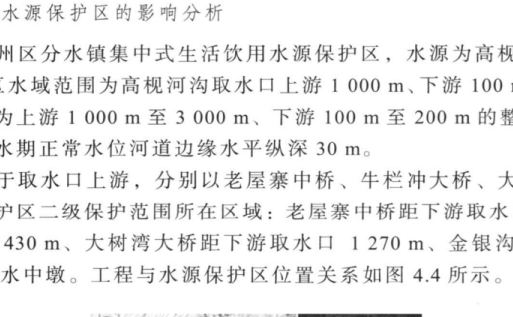

图 4.4 渝万铁路与敬家河水厂水源保护区的位置关系示意

由于渝万高速铁路桥梁在该河段未设置水中墩，桥梁施工对水体扰动较小，桥梁钻孔桩基础施工产生的钻孔泥浆可能进入河流，将对河流水质产生一定影响；路基施工时将破坏周围植被产生水土流失，在大量降雨的气候条件下，产生的地表径流中将含有大量的悬浮物，进入水源保护区水体，将使水体中的悬浮物含量增加。施工机械油污跑冒滴漏以及突发事故等非正常状态时产生的施工废水、废渣进入水体会对水质产生环境风险等影响。

渝万高速铁路开行旅客列车，采用全封闭式新型列车，在保护区范围内不设置排污口，运营期铁路运输不会对下游取水口产生污染。

3. 对福寺供水站的影响分析

福寺供水站为万州区李河镇集中式生活饮用水源保护区，本工程位于取水口上游，以王家村隧道形式穿越水源保护区所在区域，隧道出入口均不位于水源保护区内，工程距下游取水口 1 450 m。工程于 XD1K0+525 设置斜井洞口，洞口不位于水源保护区范围内，洞口距下游取水口 600 m。工程与福寺供水站水源保护区和彭河水厂的位置关系如图 4.5 所示。

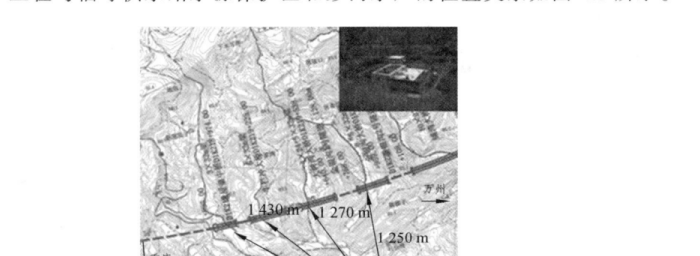

图 4.5 渝万铁路与福寺供水站水源保护区的位置关系示意

由于渝万高速铁路不涉及水源保护区的一级水源保护区，工程以隧道形式通过，且隧道进出口、斜井洞口、弃渣场均位于保护区以外，所以工程对水源地的水质无影响。

## 4.8.2 施工期对水环境的影响分析

渝万高速铁路产生的污水主要有施工人员生活污水、施工机械车辆冲洗废水、混凝土拌和场构件加工厂废水及施工过程中产生的高浊度废水等。这些废水进入水体，增加水体的 SS、$COD_{cr}$、氨氮、石油类等污染物含量，对水环境将产生一定影响。但铁路工程施工结束后，这些污染将随之消失。

（1）桥梁施工水环境影响分析。

渝万高速铁路沿线大中河流，以大跨度桥梁越过，大部分桥梁没有设置水中墩台，桥梁施工基本不会对河流水质产生影响；御临河特大桥水中墩台基础施工，会增加河流泥沙等悬浮物含量，工程设计水中墩施工采用双壁钢围堰，可有效阻隔围堰内外水体的交换，减少施工废水泥沙量。为减少桥梁挖基弃渣滑入水中对水体产生影响，施工中将弃渣及时运往陆地集中堆置，并进行适当的防护处理，以减轻对水体的影响。

西南山区高速铁路建设绿色化技术与工程实践

总之，桥梁施工期对水环境有一定影响，随着铁路工程施工的结束，影响将随之消失。

（2）隧道施工水环境影响分析。

隧道施工排放的污水主要包括施工初期降尘和钻机钻头冷却水、注浆支护阶段废水，主要污染物为SS、$COD_{cr}$和石油类。施工中，需对隧道长度长、涌水量较大的玉峰山隧道、排花洞隧道、分水镇隧道、王家村隧道、高梁镇隧道等，采取沉淀池沉淀、气浮等处理后排入附近沟渠，避免污染水源。

（3）路基、站场施工水环境影响分析。

铁路施工一般将按标段集中配套建设施工机械冲洗点、混凝土拌和站、预制构件加工厂等工程，并按工点分布情况定点设置施工机械、车辆冲洗点以便污水定点排放。本工程其余路基、站场工程远离河流，对沿线水环境影响较小。

（4）其他配套工程水环境影响分析。

施工营地、拌和站、梁场及其他预制构件加工厂等施工场地施工人员生活污水、施工机械车辆冲洗水排放和生活垃圾若随意弃置，都将对沿线水环境产生一定的影响。因此，需对污水进行定点排放，经沉淀处理后，用于回用或用于灌溉。

## 4.8.3 运营期对地表水环境的影响分析

由于分别对渝万高速铁路沿线车站生活污水进行了相应处理后达标排放，如复盛站、长寿湖站、垫江站、梁平南站等4个车站生活污水经人工湿地处理达到《污水综合排放标准》（GB 8978—1996）三级标准后接入市政污水管网，进入市政污水处理厂处理；重庆北站生活污水依托车站现有污水处理设施经城市污水管网进入污水处理厂；长寿北站生活污水，经化粪池预处理后排入市政管网；万州北站生活污水，经人工湿地生物模块污水处理达到《污水综合排放标准》（GB 8978—1996）一级标准后排入附近殷家河。因此，通过合理管控，运营期地表水不会对环境产生影响。

# 5 西南山区高速铁路建设中生态破坏的经济损失分析

根据渝万高速铁路建设占用土地造成土地生态损失的特点，参考相关文献，可以将渝万高速铁路项目建设中土地资源生态破坏的经济损失分为有效生态损失（经济资本损失和社会资本损失）、环境损失（自然资本损失）和恢复费用。

## 5.1 生态破坏经济损失组成分析

在渝万高速铁路建成开通运营后，土地资源生态损失中的一部分，即经济资本损失（如原材料的损失）和社会资本损失（如就业机会的减少）转化为铁路工程的经济效益和社会效益，定义这一部分土地资源生态破坏经济损失为有效生态损失，土地资源的有效生态损失转化为铁路工程的经济效益和社会效益。

土地生态损失中的另外一部分在铁路工程建设的过程中流失了，铁路工程建设占用土地，土地资源的水土保持、污染净化、维持小气候、生物调控等生态服务功能将丧失，这部分生态损失称为环境损失。

根据国家对建设用地的规定和占一补一的原则，每个建设项目占用一块土地，都必须另外再开垦一块土地，再开垦费用就是恢复费用。

土地破坏经济损失的组成见图 5.1。

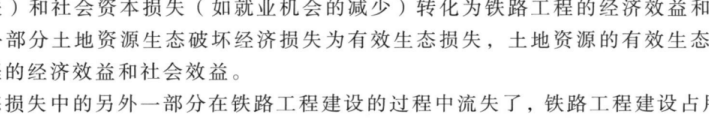

图 5.1 土地破坏经济损失的组成

## 5.2 土地资源生态破坏经济损失的计算分析

### 5.2.1 环境损失计算

铁路工程占用土地资源的环境损失 $N_c$ 等于土地资源自然资本的损失，即：

$$-N_c = -\left[\sum_{j=1}^{m} Z_j N_c(j)\right]$$

注：负号表示损失。

式中：$N_c(j)$ 为第 $j$ 类土地生态系统自然资本的单位价值；$Z_j$ 为铁路工程建设占用第 $j$ 种土地类型面积。

西南山区高速铁路建设绿色化技术与工程实践

将土地生态系统按用途不同分为6类，即耕地、园地、林地、牧草地、水域、其他用地。根据项目区具体情况和土地生态系统的特点选取6类最具有代表性的土地生态系统功能作为自然资本计算的主要内容来计算各种类型服务的单位面积资本，见表5.1。

表 5.1 各种占地类型单位面积自然资本

| 类型 | 耕地 | 园地 | 林地 | 牧草地 | 水域 | 其他用地 | 小计 |
|---|---|---|---|---|---|---|---|
| 水土保持 | $a_1(1)$ | $a_1(2)$ | $a_1(3)$ | $a_1(4)$ | $a_1(5)$ | $a_1(6)$ | $a_1(m)$ |
| 水循环 | $a_2(1)$ | $a_2(2)$ | $a_2(3)$ | $a_2(4)$ | $a_2(5)$ | $a_2(6)$ | $a_2(m)$ |
| 土壤形成 | $a_3(1)$ | $a_3(2)$ | $a_3(3)$ | $a_3(4)$ | $a_3(5)$ | $a_3(6)$ | $a_3(m)$ |
| 污染净化 | $a_4(1)$ | $a_4(2)$ | $a_4(3)$ | $a_4(4)$ | $a_4(5)$ | $a_4(6)$ | $a_4(m)$ |
| 小气候 | $a_5(1)$ | $a_5(2)$ | $a_5(3)$ | $a_5(4)$ | $a_5(5)$ | $a_5(6)$ | $a_5(m)$ |
| 生物调节 | $a_6(1)$ | $a_6(2)$ | $a_6(3)$ | $a_6(4)$ | $a_6(5)$ | $a_6(6)$ | $a_6(m)$ |
| 自然资本 | $a_n(1)$ | $a_n(2)$ | $a_n(3)$ | $a_n(4)$ | $a_n(5)$ | $a_n(6)$ | $a_n(m)$ |

## 5.2.2 有效生态损失计算

铁路工程占用土地资源的有效生态损失（$Y_c$）等于土地资源经济资本的损失（$K$）与土地资源社会资本的损失（$S$）之和，即：

$$Y_c = -(K + S) = -\left[\sum_{j=1}^{m} Z_j K_c(j) + \sum_{j=1}^{m} Z_j S_c(j)\right]$$

注：负号表示损失。

式中：$Z_j$ 为铁路工程建设占用第 $j$ 种土地；$K_c(j)$ 为第 $j$ 类生态系统经济资本的单位价值；$S_c(j)$ 为第 $j$ 类土地生态系统社会资本的单位价值。

各种占地类型单位面积经济资本和社会资本见表5.2、表5.3。

表 5.2 各种占地类型单位面积经济资本

| 类型 | 耕地 | 园地 | 林地 | 牧草地 | 水域 | 其他用地 | 小计 |
|---|---|---|---|---|---|---|---|
| 农业资本 | $b_1(1)$ | $b_1(2)$ | $b_1(3)$ | $b_1(4)$ | $b_1(5)$ | $b_1(6)$ | $b_1(m)$ |
| 林业资本 | $b_2(1)$ | $b_2(2)$ | $b_2(3)$ | $b_2(4)$ | $b_2(5)$ | $b_2(6)$ | $b_2(m)$ |
| 畜牧资本 | $b_3(1)$ | $b_3(2)$ | $b_3(3)$ | $b_3(4)$ | $b_3(5)$ | $b_3(6)$ | $b_3(m)$ |
| 水产资本 | $b_4(1)$ | $b_4(2)$ | $b_4(3)$ | $b_4(4)$ | $b_4(5)$ | $b_4(6)$ | $b_4(m)$ |
| 果业资本 | $b_5(1)$ | $b_5(2)$ | $b_5(3)$ | $b_5(4)$ | $b_5(5)$ | $b_5(6)$ | $b_5(m)$ |
| 旅游资本 | $b_6(1)$ | $b_6(2)$ | $b_6(3)$ | $b_6(4)$ | $b_6(5)$ | $b_6(6)$ | $b_6(m)$ |
| 经济资本 | $b_n(1)$ | $b_n(2)$ | $b_n(3)$ | $b_n(4)$ | $b_n(5)$ | $b_n(6)$ | $b_n(m)$ |

表 5.3 各种占地类型单位面积社会资本

| 类型 | 耕地 | 园地 | 林地 | 牧草地 | 水域 | 其他用地 | 小计 |
|---|---|---|---|---|---|---|---|
| 就业 | $c_1(1)$ | $c_1(2)$ | $c_1(3)$ | $c_1(4)$ | $c_1(5)$ | $c_1(6)$ | $c_1(m)$ |

## 5.2.3 恢复费用计算

铁路工程占用土地资源的恢复费用（$D_c$）:

$$D_c = \sum_{j=1}^{m} D(j) Z_j$$

式中：$D$（$j$）为第 $j$ 类土地生态系统的单位土地恢复费用。

## 5.2.4 土地破坏总生态经济损失计算

铁路工程占用土地的总生态经济损失 $H_c$ 为土地有效生态损失、环境损失和恢复费用之和，即：

$$H_c = (-N_c) + D_c + Y_c = (-K) + (-S) + (-N_c) - D_c$$

$$H_c = -\sum_{j=1}^{m} Z_j K_c(j) - \sum_{j=1}^{m} Z_j S_c(j) - \sum_{j=1}^{m} Z_j N_c(j) - \sum_{j=1}^{m} D(j) Z_j$$

$$= \sum_{j=1}^{m} \left\{ -Z_j K_c(j) + \left[ -Z_j S_c(j) \right] + \left[ -Z_j N_c(j) \right] - D(j) Z_j \right\}$$

注：负号表示损失。

将负号去掉，只用数值表示生态损失量的大小，因此：

$$H_c = \sum_{j=1}^{m} \left\{ Z_j K_c(j) + Z_j S_c(j) + Z_j N_c(j) + D(j) Z_j \right\}$$

令

$$\begin{cases} x_1(j) = Z_j K_c(j) \\ x_2(j) = Z_j S_c(j) \\ x_3(j) = Z_j N_c(j) \\ x_4(j) = Z_j D(j) \end{cases}$$

则

$$\sum_{i=1}^{N} x_i(j) = Z_j K_c(j) + Z_j S_c(j) + Z_j N_c(j) + Z_j D(j)$$

式中：$i$ 表示铁路建设过程中占用土地资源造成生态损失的种类分别为经济资本损失、社会资本损失、自然资本损失、恢复费用，因此 $i$ 的范围为 1~4，即 $i$=1，2，…，$N$，$N$=4；$j$ 表示铁路建设过程中占用土地资源的种类，一般分为耕地、园地、林地、牧草地、水域和未利用土地，因此 $j$ 的范围为 1~6，即 $j$=1，2，…，$m$，$m$=6。

则

$$H_c = \sum_{i=1}^{N} \sum_{j=1}^{m} x_i(j)$$

## 5.3 渝万高速铁路土地生态破坏经济损失计算

### 5.3.1 占地情况

渝万铁路各占地类型面积统计见表5.4。

表5.4 渝万铁路各占地类型面积统计     单位：$km^2$

| 类型 | 耕地 | 园地 | 林地 | 住宅用地* | 水域 | 其他用地 |
|---|---|---|---|---|---|---|
| 永久用地 | 246.81 | 0.85 | 26.25 | 49.4 | 0.44 | 159.45 |
| 临时用地 | 598.81 | 0 | 178.49 | 39.98 | 0 | 137.34 |
| 合计 | 845.62 | 0.85 | 204.74 | 89.38 | 0.44 | 296.79 |

*住宅用地生态损失在住宅建设期间已损失，铁路建设过程中不再重复计算其损失。

### 5.3.2 各占地类型单位面积土地生态破坏经济损失

各占地类型单位面积土地生态破坏经济损失见表5.5。

表5.5 各占地类型单位面积土地生态破坏经济损失    单位：元/($hm^2$ · a)

| 类型 | 耕地 | 园地 | 林地 | 水域 | 其他用地 |
|---|---|---|---|---|---|
| 自然资本损失 | 229.8 | 1 600.2 | 2 553.3 | 18 800.1 | 300.15 |
| 经济资本损失 | 5 074.95 | 6 100.2 | 10 411.95 | 6 848.4 | 0 |
| 社会资本损失 | 3 836.7 | 4 604.4 | 330.3 | 2 696.4 | 0 |
| 恢复费用 | 78 000 | 75 000 | 72 000 | 37 500 | 0 |
| 生态损失 | 87 141.45 | 87 304.8 | 85 295.55 | 65 844.9 | 300.15 |

### 5.3.3 土地生态破坏经济损失计算

各占地类型生态破坏经济损失见表5.6。

表5.6 各占地类型生态破坏经济损失

| 类 型 | 耕地 | 园地 | 林地 | 水域 | 其他用地 |
|---|---|---|---|---|---|
| 永久用地/$hm^2$ | 246.81 | 0.85 | 26.25 | 0.44 | 159.45 |
| 自然资本损失/万元 | 5.67 | 0.14 | 6.70 | 0.83 | 4.79 |
| 经济资本损失/万元 | 125.25 | 0.52 | 27.33 | 0.30 | 0.00 |
| 社会资本损失/万元 | 94.69 | 0.39 | 0.87 | 0.12 | 0.00 |
| 恢复费用/万元 | 1 925.12 | 6.38 | 189.00 | 1.65 | 0.00 |
| 生态损失小计/万元 | 2 150.74 | 7.42 | 223.90 | 2.90 | 4.79 |
| 生态损失小计（2016年）/万元 | 3 079.64 | 10.63 | 320.60 | 4.15 | 6.85 |

## 5 西南山区高速铁路建设中生态破坏的经济损失分析

续表

| 类 型 | 耕地 | 园地 | 林地 | 水域 | 其他用地 |
|---|---|---|---|---|---|
| 临时用地/$hm^2$ | 598.81 | 0 | 178.49 | 0 | 137.34 |
| 自然资本损失/万元 | 13.76 | 0.00 | 45.57 | 0.00 | 4.12 |
| 经济资本损失/万元 | 303.89 | 0.00 | 185.84 | 0.00 | 0.00 |
| 社会资本损失/万元 | 229.75 | 0.00 | 5.90 | 0.00 | 0.00 |
| 生态损失小计/万元 | 547.40 | 0.00 | 237.31 | 0.00 | 4.12 |
| 生态损失小计（2016年）/万元 | 783.82 | 0.00 | 339.81 | 0.00 | 5.90 |

渝万铁路生态破坏经济损失合计见表 5.7。

表 5.7 渝万铁路生态破坏经济损失合计

| 类型 | 耕地 | 园地 | 林地 | 水域 | 其他用地 | 生态损失小计（2016年）/万元 |
|---|---|---|---|---|---|---|
| 生态损失小计（2016年）/万元 | 3 863.46 | 10.63 | 660.41 | 4.15 | 12.76 | 4551.40 |

从表 5.7 可以看出，从渝万高速铁路项目开工至 2016 年年底运营，项目生态损失累计 4 551.40 万元。

# 6 渝万高速铁路建设的绿色化技术

## 6.1 绿色选线技术

为实现铁路建设、资源、环境和社会的协调可持续发展，在高速铁路选线时必须遵循绿色选线原则：

（1）线路应最大限度绕避自然保护区，确保线路不影响珍稀濒危野生动物的栖息环境及其生境的完整性和连续性。

（2）铁路交通应有利于发展地方经济、改善沿线交通落后状况，有利于带动沿线地区旅游资源的开发，真正体现铁路与沿线旅游开发、地方经济发展的和谐。

（3）绕避沿线水源保护区的一级保护区，使沿线城镇的水源地不因工程建设和运营受到污染。如无法绕避一级保护区，应搬迁取水口，调整水源保护功能区划，以满足相关法律要求。

（4）尽量保持沿线生态系统的完整性、地域的连续性和物种多样性及生物组成的协调性，减少线路工程对生态景观的切割和生态破碎化的影响。

（5）对于受地形地貌、工程地质和风景名胜区、地质公园、森林公园等敏感区的分布区位，以及工程技术条件限制，线路无法绕避而需通过环境敏感区时，应充分进行方案比选，优化通过保护区的工程形式、尽量采取以隧道方式通过。

（6）节约用地，控制工程永久和临时用地数量，减少工程对土地资源及植被的影响，做好工程用地范围内的绿化，打造铁路绿色长廊。

### 6.1.1 自然保护区、风景名胜区、森林公园、地质公园地段绿色选线

渝万铁路沿线研究区域内分布的自然保护区有2处、风景名胜区有10处、森林公园有7处。在广泛征求沿线地方政府、环境敏感区主管部门意见的前提下，经多方案比选后，线路绕避了2处自然保护区、8处风景名胜区、5处森林公园，对最终仍涉及的玉峰山森林公园、长寿湖风景名胜区、明月山风景名胜区和东山国家森林公园等4处环境敏感区采取了相关环境保护措施，并取得了地方相关行政主管部门的同意意见。

### 6.1.2 水源保护区地段绿色选线

本工程沿线有水源及水源保护区共计57处，按照"绕避沿线水源保护区的一级保护区，使沿线城镇的水源地不因工程建设和运营受到污染。如无法绕避一级保护区，应搬迁取水口，调整水源保护功能区划，以满足相关法律要求"的选线原则，考虑受地质、地形、站位、技术标准等因素的限制，线路在绕避其中54处后，穿越了清泉自来水厂水源保护区、敬家河水厂水源保护区和福寺供水站水源保护区3处水源保护区。

其中：清泉自来水厂为分水镇水厂之一，水源地为豆角兵河沟，新建渝万铁路以隧道形式两次穿越水源所在区域，分别位于取水口上游 900 m 和 740 m；敬家河水厂也是分水镇水厂之一，水源地为高视河沟，渝万铁路以桥梁形式 4 次穿越水源所在区域，分别位于取水口上游 1 700 m、1 430 m、1 270 m 和 1 250 m；福寺供水站为李河镇水厂之一，水源地为黑沟河，渝万高速铁路以隧道形式穿越水源所在区域，位于取水口上游 830 m。由于渝万高速铁路建设不涉及分水镇清泉自来水厂、敬家河水厂和李河镇福寺供水站一级保护区水域范围，经与当地政府对接，同意渝万铁路线路通过方案。

### 6.1.3 古墓葬保护区地段绿色选线

根据现场踏勘和与文物主管部门核实，沿线区域内分布的文物保护单位主要是罗为中心校、驸马公主合坟、李秀氏墓、双桂堂、李光华烈士墓、胡氏埔造像、十龙门摩崖造像、天生城、西山钟楼等 9 处，距离线路最近的李秀氏墓（保护级别为县级）约 30 m，其余均在 300 m 以外。

### 6.1.4 军事保护区地段绿色选线

根据现场踏勘和与沿线地方政府主管部门核实，工程范围内不涉及军事保护区及相关设施。

### 6.1.5 特殊企业厂房地段环保选线

根据现场拆迁情况分析，工程范围内不涉及大型特殊企业厂房拆迁或绕避。

### 6.1.6 居民聚居区、学校及医院等环境敏感点地段绿色选线

渝万高速铁路在选线阶段重点对涉及学校、医院、敬老院、居民居住区等环境敏感点的线位进行优化，未涉及医院、居民居住区等环境敏感区的整体搬迁，对无法绑避的梁山敬老院采取整体搬迁，对双溪小学、和林小学采取拆迁和功能置换措施，对涉及影响居民聚居区、学校的线位进行了优化调整。下面以"梁平南站至关龙桥（线路里程 DK183+900 至 DK206+800）方案优化"为例。

1. 方案比选

方案 I：该方案自梁平南车站引出后下穿梁平互通至高速公路南侧，在大河坝水库大坝下游 200 m 处，设许家大院子隧道下穿渝宜高速公路至高速公路北侧，而后穿越梁平县城市规划区边缘，穿越红旗中学教学楼，走行于梁平一中操场围墙外、雅晴苑小区右侧 137 m，沙坝水库大坝下游 170 m。

方案 II：该方案自梁平南车站引出后下穿梁平互通至高速公路南侧，在大河坝水库大坝下游 165 m 处下穿 318 国道，而后紧挨高速公路南侧行进，完全绑避梁平县城市规划区，在"石壁龙"附近梁平高速公路服务区之间上跨渝宜高速公路，至高速公路北侧，行走于沙坝

水库大坝下游 105 m。该方案距离红旗中学教学楼 182 m，距离梁平一中操场围墙 250 m，距雅晴苑小区 388 m，且均有高速公路相隔。该方案沿既有交通廊道行进，行走于梁平区城市规划区之外。

方案平面位置关系见图 6.1、图 6.2。

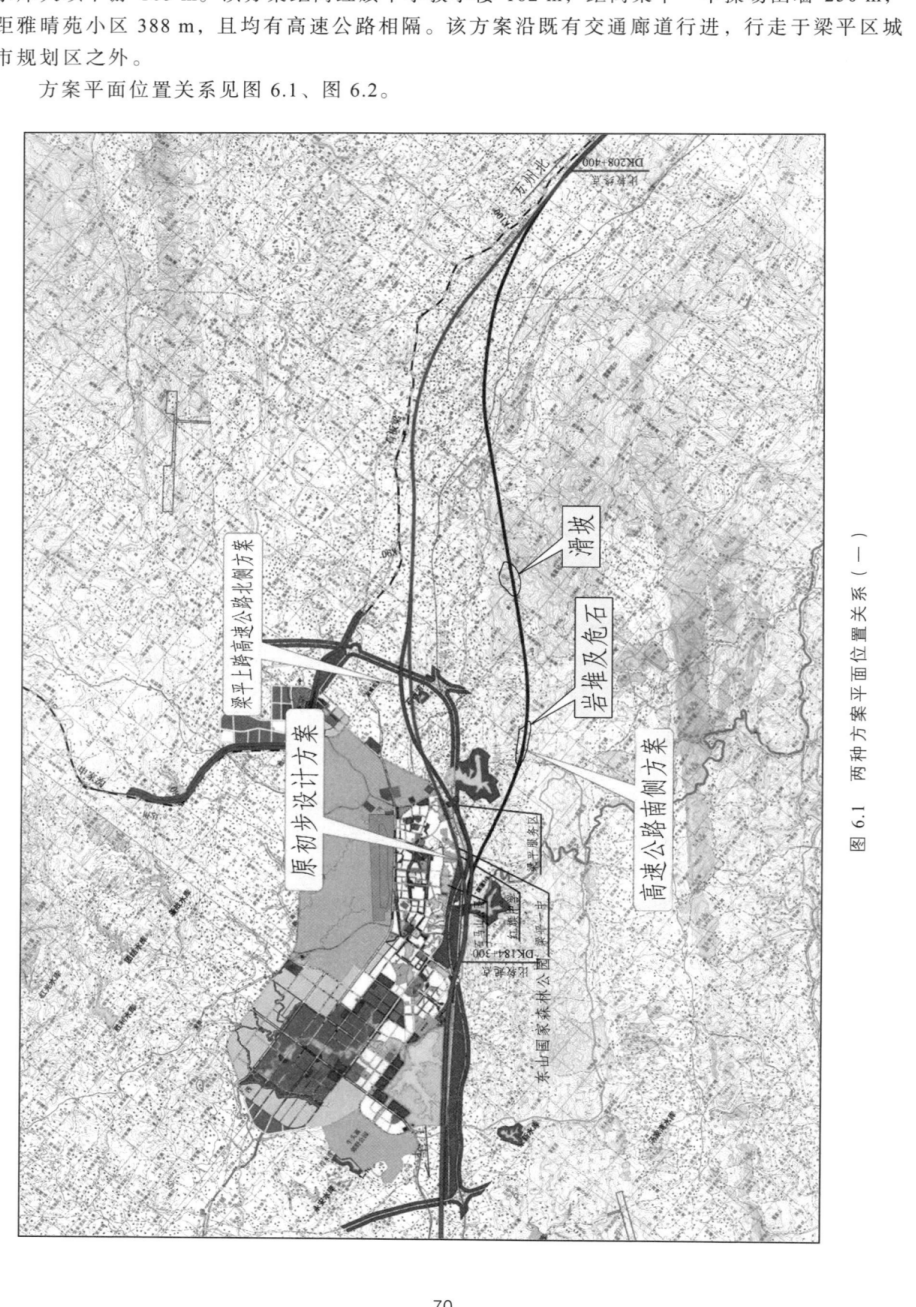

图 6.1 两种方案平面位置关系（一）

# 6 渝万高速铁路建设的绿色化技术

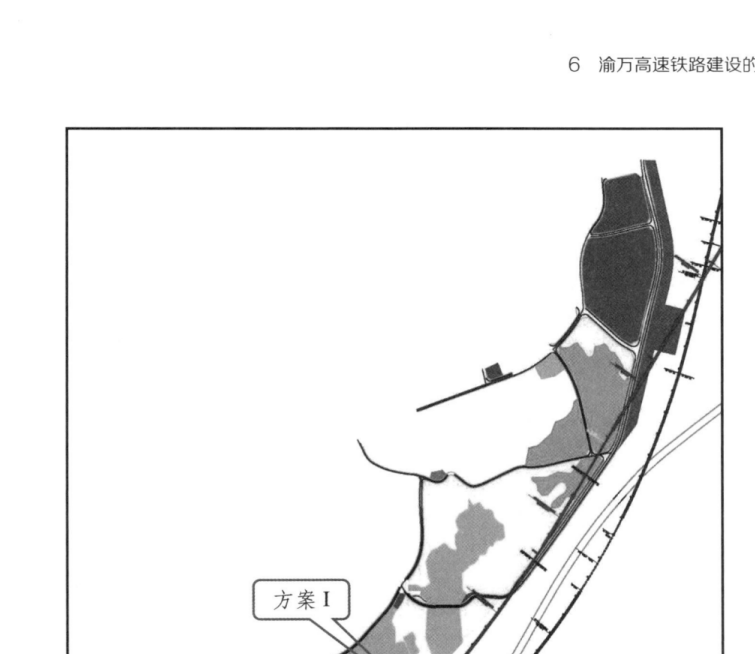

图 6.2 两种方案平面位置关系（二）

2. 方案环境优缺点对比分析

从工程实施对周边环境影响程度对方案Ⅰ、方案Ⅱ进行对比分析，具体情况见表 6.1。从表 6.1 可以看出，方案Ⅱ较原环评方案绕避了地质不良地段及沙坝水源保护区上游，避免了工程风险及对水源保护区的影响。方案Ⅱ完全绕避了梁平区城市建成区及规划区，行走于高速公路既有交通廊道内，减少了拆迁量，远离了红旗中学、梁平一中、雅晴苑小区等学校及居民区，行走于沙坝水库水源保护区下游，避免了对水源保护区的影响。显然从环境保护的角度考虑，方案Ⅱ大大降低了工程对生态环境的影响。

西南山区高速铁路建设绿色化技术与工程实践

表 6.1 两种方案环境优缺点分析对比

| 环境要素 | 方案Ⅱ | 方案Ⅰ | 比选意见 |
|---|---|---|---|
| 梁平区城市规划区 | 绕避了梁平区城市建成区及规划区，距离规划区边界约260 m，与城市规划区有高速公路相隔，对城市规划无干扰，且线路行走于既有交通廊道内 | 穿越梁平县城市规划区边缘。 | 方案Ⅱ优 |
| 沙坝水库饮用水源 | 行走于沙坝水库水源保护区下游105 m，对水质无影响 | 行走于沙坝水库水源保护区大坝下游170 m，对水质无影响 | 相当 |
| 红旗中学 | 距离主教学楼182 m，与学校有高速公路相隔，铁路对学校影响小 | 穿越红旗中学教学楼1栋 | 方案Ⅱ优 |
| 梁平一中 | 距离主教学楼410 m，与学校有高速公路相隔，铁路对学校影响小 | 距离主教学楼160 m | 方案Ⅱ优 |
| 雅晴苑 | 距离雅晴苑 388 m，且有高速公路相隔，铁路对小区无影响 | 距离雅晴苑137 m | 方案Ⅱ优 |
| 梁山敬老院 | 穿越敬老院，敬老院需搬迁 | 距离敬老院97 m | 方案Ⅰ优 |
| 噪声影响人口 | 噪声影响范围内主要分布的是一般农村民房，无集中高层小区住宅。影响户数345户（30 m内23户，30~60 m内46户，60~200 m内299户） | 噪声影响范围内分布的有高层集中住宅区。影响户数429户（30 m内18户，30~60 m内68户，60~200 m内343户） | 方案Ⅱ优 |

## 6.1.7 危险源地段绿色选线

铁路选线通常除了考虑环境风险外，还得综合考虑：工程风险，如煤层瓦斯、地下采空区、岩溶及岩溶水、滑坡等地质因素，由于它的不可预见性将影响到整个工程的施工进度、工程质量、施工安全和运营安全；社会风险，如地下水系破坏影响居民生活，进而引发社会稳定事件，等等。下面以"渝万铁路重庆北至长寿北段的选线优化"为例，说明项目绿色选线的重要意义。

**1. 方案制约因素**

重庆北至长寿北段，线路方案控制点是线路是否经过江北机场，地质主要因素为：煤层瓦斯、地下采空区、岩溶及岩溶水。环境问题主要为：统景风景名胜区、张关-白岩风景名胜区及玉峰山森林公园等环境敏感点以及岩溶发育区的地下水。线路走向方案见图6.3。

**2. 方案比较分析**

按照环保选线原则，建设单位分别从客流及环境影响、工程经济、地质条件等多方面对3个方案进行了详细比较和分析，详见表6.2。

## 6 渝万高速铁路建设的绿色化技术

图 6.3 重庆北至长寿北段线路走向方案比选示意

表 6.2 重庆北至长寿北段方案比选分析

| 比较方案 | 经机场统景方案（方案Ⅰ） | 经机场绕行方案（方案Ⅱ） | 沿渝利线方案（方案Ⅲ） | 比选结果 |
|---|---|---|---|---|
| 线路走向及长度 | 线路自比较起点白杨沟 CK6+000 起，以 3 400 m 隧道穿环山，至江北国际机场，先后穿铜锣山、明月山隧道至比较终点长寿北站。线路长 60.451 km | 线路自比较起点白杨沟 CK6+000 起，以隧道形式穿江北机场东区航站，经长大高桥，穿 4 650 m 玉峰山隧道后，在双溪村附近靠近在建渝利线，并行至长寿北站。线路长 70.024 km | 线路自比较起点白阳沟 CK6+000 起，沿渝利线基本并行至长寿北站。其中穿玉峰山隧道 3.22 km，穿明月山隧道 4.83 km。线路长 61.220 km | 方案Ⅰ优 |
| 工程投资 | 静态投资 851 490.83 万元 | 静态投资 919 165.04 万元 | 静态投资 831 812.73 万元 | 方案Ⅲ优 |
| 工程地质风险分析 | 1. 铜锣山、明月山隧道均为岩溶隧道。2. 明月峡背斜为高瓦斯，存在突水、坍方和瓦斯灾害。岩溶、岩溶水问题突出，地下水位相对较高，施工会造成地表水枯竭，地下水水位下降、地表坍陷等环境问题。3. 铜锣峡背斜由于隧道邻近当地侵蚀基准面——温塘河，遇大型空溶洞（暗河）的可能性大。工程风险大 | 1. 两座越岭隧道均为岩溶隧道。2. 玉峰山隧道开挖后地表水疏干范围达线路两侧 5 km 以上，山顶槽谷岩溶泉点枯竭，村民生产、生活用水困难。3. 隧区附近分布有多处未探明小煤窑及采空区。工程风险较大 | 1. 穿越明月峡背斜，虽然为岩溶隧道，但隧道处于岩溶水垂直循环带内，地下岩溶水的危害风险小。2. 穿铜锣峡背斜时，由于隧道从背斜的倾伏端中穿越，核部可溶岩地层逐渐倾伏深埋，拟建隧道从上覆非可溶岩地层中通过，不存在岩溶问题。工程风险小 | 方案Ⅲ优 |

续表

| 比较方案比较项目 | 经机场统景方案（方案Ⅰ） | 经机场绕行方案（方案Ⅱ） | 沿渝利线方案（方案Ⅲ） | 比选结果 |
|---|---|---|---|---|
| 客流分析 | 经过江北机场、统景镇，更好地吸引客流 | 经江北机场，不过统景镇，可较好地吸引客流 | 不经江北机场，对吸引客流不大有利 | 方案Ⅰ、Ⅱ优 |
| 环境及社会影响分析 | 1. 线路穿越统景风景名胜区时部分对景区产生切割影响。2. 拟建铜锣山隧道施工可能会导致隧区周边尤其是隧道右侧地表水、泉点枯竭及地面塌陷，对隧道顶部御林村等上千居民生产、生活用水产生影响。3. 拟建明月山隧道穿越张关白岩风景名胜区，隧道开挖可能将破坏隧址范围内地下水系，引起地面塌陷和沉降，直接或间接影响隧道顶部及周边上万居民生产生活用水。同时，对距离线路较近的天险洞等景点也将产生环境风险。环境及社会风险大 | 1. 线路不穿越张关—白岩、统景等环境敏感区。2. 线路以全隧道形式穿越玉峰山森林公园。3. 存在地下水环境影响,对隧道顶部玉泉湖及白塔湖两处湖泊存在影响风险。4. 沿在建渝利铁路穿越明月山，渝利铁路的修建在一定程度上可减缓本工程的影响。环境及社会风险小 | 1. 线路以隧道形式穿越玉峰山森林公园，不穿越张关—白岩、统景等环境敏感区。2. 线路从上覆非可溶岩地层中通过穿越铜锣山脉，不存在岩溶问题，对居民生产生活用水影响相对较小。3. 沿在建渝利铁路穿越明月山，渝利铁路的修建在一定程度上可减缓本工程的影响。环境及社会风险小 | 方案Ⅱ、Ⅲ优 |

从表6.2对比分析可以看出，沿渝利线方案（方案Ⅲ）明显优于经机场统景方案（方案Ⅰ）、经机场绕行方案（方案Ⅱ）。综合考虑到该段方案的环境敏感性，建设单位高度重视，在组织专家召开渝万铁路隧道风险评估审查会时重点对方案中涉及的相关隧道进行了充分研究和分析，审查结论中专家明确提出目前施工水平和工程措施很难有效控制环境及社会影响风险，且投资和工期风险很大，应绕避。因此，在综合分析和多次征求地方政府主管部门意见后，最终选择了各种环境风险最小的不经机场、统景，沿渝利线并行方案。

## 6.1.8 基于突变级数法的铁路绿色选线

铁路绿色选线，指的是从环境保护和可持续发展的角度进行选线设计，使铁路沿线环境质量尽可能地保持在铁路建设前的水平，甚至可能得到相应地改善。铁路绿色选线方案比选是铁路建设过程中的关键性步骤，决策者需从不同角度选取相应因素指标，对铁路绿色选线各种方案进行评价选优。现有铁路绿色选线方案评价方法主要有层次分析法、模糊综合评价法、技术经济比较法、灰色评价法、可拓评价法等。上述方法均不同程度地存在或多或少的缺陷，层次分析方法主要依靠评判专家的主观意识、个人偏向和工作习惯，在进行各指标重要性比较分析、建立判断矩阵的过程中，因为客观上存在评价对象的复杂性和信息量的不足，使得评判专家难以对两个指标或方案的重要性给出明确的结论；模糊综合评价法需评判专家对评价指标或方案进行全部排序，由于评判专家的主观有限性和客观复杂性，难以对指标或方案进行全部排序；技术经济比较法往往会过多考虑经济影响因素，忽视社会影响因素；影响灰色评价法过度依赖于实际收集的数据，缺乏对评判专家主观意识的体现；可拓评价法存在一定的局限性，只要任一指标（或某些指标）实测值超出节域，其关联度函数就会出现无法计算的情况，此时就不能用可拓评价法进行综合评价。针对上述问题，本研究试图将突变理论和模糊数学结合产生的突变级数法应用于铁路绿色选线方案选优。该方法的优点在于没有评价指标确定权重，但它考虑了各指标间的相对重要性，从而减少了主观人为性，又不失科学性和合理性，使评价和分析更趋于实际，且计算简易准确，其应用范围广阔，很值得推广应用。

（1）突变理论。

20世纪70年代，法国数学家勒内·托姆（Rene Thom）提出了研究突变（质变）现象的新兴数学——突变理论。它源于拓扑学、奇点理论和结构稳定性等数学理论。基于突变理论的突变级数法是将评价体系分解为若干个目标，由下层指标向上层指标逐层综合，将每层的控制变量 $x$ 代入对应的突变模型 $f(x)$ 中，用归一公式逐层计算，得到各层的突变隶属函数值，经过递阶运算，最后得到评价对象的突变级数值，将突变级数值进行排序，最大值对应的评价对象为最优方案。在计算过程中，针对评价指标运用"非互补"（含大取小）或"互补"（取平均值）的原则。

（2）突变级数法及其步骤。

① 递阶层次结构。

对评价指标体系按层次、分主次顺序进行分解，形成树状层次结构，将评价目标指标到下层指标逐级进行分层，每一个指标的控制变量一般不超过4个，按照主次顺序进行排序，直至达到可以定量的子指标为止，如图6.4所示。

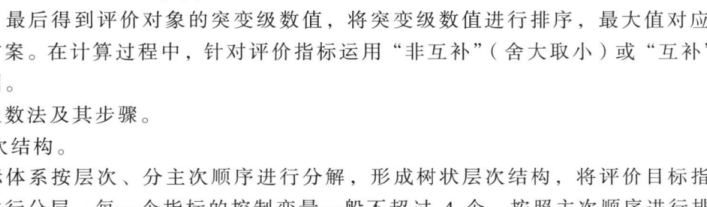

图 6.4 递阶层次结构

② 突变模型。

目前，突变理论一般是指托姆提出的自然界7种突变模型形式，一般常用的有4种，即折叠、尖点、燕尾和蝴蝶突变模型，见图6.5，其表达式分别为：

$$f(x) = x^3 + ax$$

$$f(x) = x^4 + ax^2 + bx$$

$$f(x) = \frac{1}{5}x^5 + \frac{1}{3}ax^3 + \frac{1}{2}bx^2 + cx$$

$$f(x) = \frac{1}{6}x^6 + \frac{1}{4}ax^4 + \frac{1}{3}bx^3 + \frac{1}{2}cx^2 + dx$$

式中：$x$ 为突变模型中的一个状态变量；$f(x)$ 为状态变量 $x$ 的控制变量。

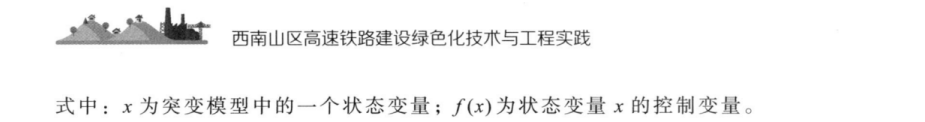

图 6.5 几种典型的突变模型系统示意

③ 评价指标的无量纲化处理。

对于评价指标，一般分为两类：一类为定性指标，可以通过专家评判法等方法进行评判，相应赋值；一类为定量指标，可以用极差变换法等方法进行处理。定量指标按其性质分为正向指标和逆向指标。对于正向指标，其数值越大越好；对于逆向指标，其数值越小越好。

正向指标表达式为：

$$y_{ij} = \frac{x_{ij} - x_{\min(j)}}{x_{\max(j)} - x_{\min(j)}} \tag{6.1}$$

逆向指标表达式为：

$$y_{ij} = \frac{x_{\max(j)} - x_{ij}}{x_{\max(j)} - x_{\min(j)}} \tag{6.2}$$

式中：$y_{ij}$ 为极差变换后的数据；$x_{ij}$ 为原始数据；$x_{\max(j)}$ 为 $j$ 行数据最大值；$x_{\min(j)}$ 为 $j$ 行数据最小值。

若指标数值在[0, 1]范围，则无须进行无量纲化处理，直接进行计算。

④ 突变系统的归一化处理。

根据突变理论，突变模型的势函数为 $f(x)$，平衡曲面方程通过 $f(x)$ 一阶导数求得，即 $f'(x) = 0$；奇点集方程通过 $f(x)$ 二阶导数求得，即 $f''(x) = 0$。分歧点集方程通过 $f'(x) = 0$ 和 $f''(x) = 0$ 联立求得。进而得到折叠、尖点、燕尾和蝴蝶突变 4 种突变模型的归一化公式分别为：

$$x_a = \sqrt{|a|} \tag{6.3}$$

$$x_a = \sqrt{|a|} \quad, \quad x_b = \sqrt[3]{|b|} \tag{6.4}$$

$$x_a = \sqrt{|a|} \quad, \quad x_b = \sqrt[3]{|b|} \quad, \quad x_c = \sqrt[4]{|c|} \tag{6.5}$$

$$x_a = \sqrt{|a|} \quad, \quad x_b = \sqrt[3]{|b|} \quad, \quad x_c = \sqrt[4]{|c|} \quad, \quad x_d = \sqrt[5]{|d|} \tag{6.6}$$

式中：$x_a$、$x_b$、$x_c$、$x_d$ 分别为各式中 $a$、$b$、$c$、$d$ 对应的 $x$ 值。

⑤ 利用归一化公式进行综合评价。

利用归一化公式对同一评价对象各个评价指标计算的 $x$ 值采用"互补"或"非互补"原则："互补"原则是指若同一个系统中各个控制变量能相互弥补，取其隶属函数值的平均数值

作为状态变量 $x$ 的值；"非互补"原则是指若同一个系统中的各个控制变量不相互弥补，按照"大中取小"，即最小值作为状态变量 $x$ 的值。对于"互补"原则的突变隶属函数值是根据式（6.3）、（6.4）、（6.5）、（6.6）计算，然后得到突变隶属函数值 $x = x_a$、$x = \frac{x_a + x_b}{2}$、$x = \frac{x_a + x_b + x_c}{3}$、$x = \frac{x_a + x_b + x_c + x_d}{4}$，经过逐层运算，最后得到突变级数值；对于"非互补"原则的突变隶属函数值为 $x = \{x_a, x_b, x_c, x_d\}_{\min}$，经过逐层运算，最后得到突变级数值。

（3）实例。

① 铁路绿色选线方案评价指标体系。

为便于比较，以某铁路绿色选线方案比选为例，在原有铁路选线的基础上，建立了铁路环境选线评价指标体系，如图 6.6 所示。对每个指标而言，各方案中最好的指标值可设为 9，最差的设为 5，中间用线性插值法计算评价指标值，如表 6.3 所示。

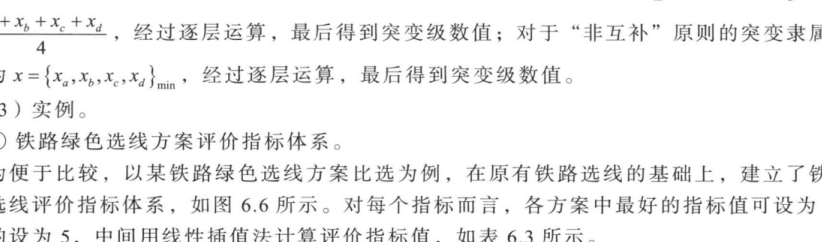

图 6.6 铁路绿色选线方案评价体系

表 6.3 方案评价指标

| 方案 | $F_1$ | | | $F_2$ | $F_3$ | | | | $F_4$ | |
|---|---|---|---|---|---|---|---|---|---|---|
| | $G_1$ | $G_2$ | $G_3$ | $G_4$ | $G_5$ | $G_6$ | $G_7$ | $G_8$ | $G_9$ | $G_{10}$ |
| 1 | 9 | 7 | 5 | 9 | 7.5 | 9 | 5 | 9 | 5 | 7.61 |
| 2 | 7 | 5 | 9 | 7 | 9 | 8.32 | 9 | 5 | 8.1 | 5 |
| 3 | 5 | 9 | 6 | 5 | 5 | 5 | 6.8 | 7.6 | 9 | 9 |

注：定性指标采用专家打分法。

② 铁路绿色选线方案的突变级数模型。

根据图 6.5 的评价指标数据层次结构，各指标评价采用的突变模型分别为：

· $G_1$、$G_2$、$G_3$ 与 $F_1$ 分别构成燕尾突变模型，$G_1$、$G_2$、$G_3$ 互补。

· $G_5$ 与 $F_2$ 构成折叠突变模型。

· $G_5$、$G_6$、$G_7$、$G_8$ 与 $F_3$ 分别构成蝴蝶突变模型，$G_5$、$G_6$、$G_7$、$G_8$ 互补。

· $G_9$、$G_{10}$ 与 $F_4$ 构成尖点突变模型。因为人为景观和自然景观具有排斥性，$G_9$、$G_{10}$ 非互补。

· $F_1$、$F_2$、$F_3$、$F_4$ 与 $E$ 构成蝴蝶突变模型，$F_1$、$F_2$、$F_3$、$F_4$ 互补。

③ 评价指标的无量纲化。

对表 7.3 中的各项指标数据进行无量纲化处理，将其转化成[0, 1]的数值，各项均为正向指标，采用式（6.1）计算，结果见表 6.4。

表 6.4 各评价指标的无量纲化结果

| 方案 | $F_1$ | | | $F_2$ | | $F_3$ | | | $F_4$ | |
|---|---|---|---|---|---|---|---|---|---|---|
| | $G_1$ | $G_2$ | $G_3$ | $G_4$ | $G_5$ | $G_6$ | $G_7$ | $G_8$ | $G_9$ | $G_{10}$ |
| 1 | 1 | 0.5 | 0 | 1 | 0.625 | 1 | 0 | 1 | 0 | 0.652 5 |
| 2 | 0.5 | 0 | 1 | 0.5 | 1 | 0.83 | 1 | 0 | 0.775 | 0 |
| 3 | 0 | 1 | 0.25 | 0 | 0 | 0 | 0.45 | 0.65 | 1 | 1 |

④ 计算突变隶属函数值。

以方案 1 的各项数据为例，计算突变隶属函数值。

· 根据图 6.5，$G_1$、$G_2$、$G_3$ 与 $F_1$ 分别构成燕尾突变模型，按式（6.5）计算并考虑"互补"原则，则：

$$x_{G_1} = \sqrt{1} = 1$$

$$x_{G_2} = \sqrt[3]{0.5} = 0.7937$$

$$x_{G_3} = \sqrt[4]{0} = 0$$

$$x_{F_1} = \frac{x_{G_1} + x_{G_2} + x_{G_3}}{3} = 0.5979$$

· 根据图 6.5，$G_4$ 与 $F_2$ 构成折叠突变模型，按式（6.3）计算，则：

$$x_{G_4} = \sqrt{1} = 1$$

$$x_{F_2} = 1$$

· 根据图 6.5，$G_5$、$G_6$、$G_7$、$G_8$ 与 $F_3$ 构成蝴蝶突变模型，按式（6.6）计算并考虑"互补"原则，则：

$$x_{G_5} = \sqrt{0.625} = 0.7906$$

$$x_{G_6} = \sqrt[3]{1} = 1$$

$$x_{G_7} = \sqrt[4]{0} = 0$$

$$x_{G_8} = \sqrt[5]{1} = 1$$

$$x_{F_3} = \frac{x_{G_5} + x_{G_6} + x_{G_7} + x_{G_8}}{4} = 0.6977$$

· 根据图 6.5，$G_9$、$G_{10}$ 与 $F_4$ 构成尖点突变模型。按式（6.5）计算并考虑"非互补"原则，则：

$$x_{G_9} = \sqrt{0} = 0$$

$$x_{G_{10}} = \sqrt[3]{0.6525} = 0.8673$$

$$x_{F_4} = \min(x_{G_9}, x_{G_{10}}) = 0$$

⑤ 计算突变级数值。

$F_1$、$F_2$、$F_3$、$F_4$ 与 $E$ 构成蝴蝶突变模型，按式（6.6）计算并考虑"互补"原则，则可得到方案 1 的突变级数值为：

$$x_E = \frac{\sqrt{x_{F_1}} + \sqrt[3]{x_{F_2}} + \sqrt[4]{x_{F_3}} + \sqrt[5]{x_{F_4}}}{4} = 0.6718$$

同理可得方案 2、3 的突变级数值，结果排名见表 6.5。

表 6.5 各方案的突变级数值与排名

| 方 案 | 突变级数值 | 排 名 |
|---|---|---|
| 1 | 0.6718 | 1 |
| 2 | 0.6428 | 2 |
| 3 | 0.6415 | 3 |

从表 6.5 可以看出，方案 1 为最优方案，与层次模糊综合评价法结果一致。

## 6.1.9 绿色选线结论

将绿色选线原则与理念贯穿于铁路建设项目选线始终。第一，从工程技术出发，可以降低工程地质风险，节约工期，确保施工质量安全、确保铁路开通运营安全；第二，从沿线城市规划、环境敏感区等方面出发，力求达到方案环境最优效果，消除法律障碍，降低环境风险；第三，从投资经济方面考虑，方案优化，工程进展顺利，可以节约工程投资。此外，通过绿色选线，综合考虑项目对当地居民、厂矿企业的环境影响因素，可以减少环境事件，减小社会风险。

总之，绿色选线，对构建资源节约型和环境友好型社会、实现铁路可持续发展具有重要的现实意义和社会意义。

## 6.2 路基及其边坡建设绿色化技术

### 6.2.1 国内主要边坡绿色防护措施

1. *传统的边防护类型*

对于路基土质边坡，传统的边坡防护技术有：草皮护坡、干砌片石护坡、浆砌片石骨架

西南山区高速铁路建设绿色化技术与工程实践

草皮护坡和浆砌片石护坡等。这些护坡形式各有其适用条件和特点。

（1）草皮护坡：人工铺贴草皮、栽种灌木或播种草籽，是目前铁路工程常用的边坡防护措施，多用于草皮来源较易、边坡坡度不高且坡度较缓的土质路堤边坡防护工程。其施工简便、工程造价较低，但成活率低、见效慢，工程质量难以保证，往往达不到满意的边坡防护效果，造成坡面冲沟、表土溜坍等边坡病害，导致大量的边坡病害整治、修复工程；同时，大量移植草皮易造成新的环境破坏和水土流失。

（2）干砌片石护坡：多用于当地缺少草皮而石料来源充足、边坡较缓的土质路堤边坡防护工程。其边坡防护效果较好，但施工速度慢、工程造价高，缺乏景观效果，且不能满足"绿色环保"的要求。

（3）浆砌片石骨架草皮护坡：浆砌片石骨架草皮护坡是草皮和浆砌片石相结合的一种边坡防护措施，效果较好，但施工较复杂。

（4）浆砌片石护坡：多用于当地石料来源充足而边坡较陡的边坡防护工程。浆砌片石护坡基本上可以达到一劳永逸，但其工程造价高，且缺乏景观效果。

此外，还有岩质边坡的锚杆挂网喷混凝土护坡技术等。

2. 绿色防护新技术

国内边坡绿色防护技术起步较晚，缺乏系统的开发研究。目前，边坡绿色防护类型比较单一，应用范围不广。近年来，国内主要采用下面几种主要的边坡绿色防护技术。

（1）液压喷播植草护坡。

液压喷播植草护坡技术是利用液态播种原理，将草籽、肥料、黏着剂、纸浆、土壤改良剂和色素等按一定比例在混合箱内配水搅匀，通过机械加压喷射到边坡坡面而完成植草施工的绿化技术。它是一种集机械、化学、生物、土壤学等为一体的先进综合技术。

液压喷播植草技术的特点如下：

① 优点：施工简单、速度快，只需在有水源和装载喷播机械的卡车走行便道的条件下即可施工，每台喷播机每天能植草 4 000~10 000 $m^2$；施工质量高，草籽喷播均匀，而且由于在坡面形成了一层能保水保温薄膜，使得种子发芽生长快、整齐一致；防护效果好，正常情况下，喷播 1 个月后植物覆盖率可达 70%，2 个月后可形成防护、绿化功能；适用性广，可在较广的地域及任何土壤条件下施工；工程造价较低，其综合单价一般为 6.8~13.1 元/$m^2$。

② 缺点：要求有施工机械运行的条件和水源，干旱和高寒地区施工难度大，要有一定的养护时间。

（2）土工合成材料与植草综合防护。

土工合成材料与植草综合防护是利用土工合成材料对路基边坡进行加筋补强和防护，代替传统的坊工防护，并结合液压喷播技术进行的一种综合防护技术，可达到既稳定边坡，又美化环境的效果。近年来，该技术在国内得到了越来越广泛的应用，如：

① 土工网垫植草护坡。该技术为集边坡加固、植草防护和绿化于一体的复合型边坡植物防护措施。所用土工网垫是一种三维立体网，不仅具有加固边坡的功能，在播种初期还可起到防止冲刷、保持土壤以利草籽发芽、生长的作用。目前，土工网垫植草护坡在新建铁路工程已开始应用，取得了较好的效果。

② 土工格栅与植草护坡。对填料土质不良的路堤，采用土工格栅对路堤边坡进行加筋补

强，保证了路堤的稳定性，同时对坡面采用液压喷播植草，可防止雨水冲刷。这项技术已在长荆铁路等膨胀土路堤边坡防护工程中应用，效果良好。

（3）OH液植草护坡。

该项技术是国外近十多年新开发的一项边坡化学植草防护措施。它是通过专用的机械将新型化工产品 HYCEL-OH 液与水按一定比例稀释后同草籽一起喷洒于坡面，使之在极短时间内硬化，而将边坡表土固结成弹性固体薄膜，达到植草初期边坡防护目的。3～6 个月后其弹性固体薄膜开始逐渐分解，此时草种已发芽、生长成熟，根深叶茂的植物已能独立起到边坡防护、绿化的双重效果，具有施工简单、迅速，不需后期养护，边坡防护绿化效果好等特点。但由于该技术所用的 HYCEL-OH 液尚需进口，其工程造价较高，故目前还无法推广应用，只在京九铁路等个别工点进行了尝试性试验。

（4）行栽香根草护坡。

香根草是近十多年才被人们"重新发现"的一种禾本科植物，具有长势挺立、茎秆坚硬，在 3～4 个月内可长成茂密的活篱笆；根系发达、粗壮，长势甚猛，下扎深度大，一年内一般可深入地下 2～3 m；根系抗拉强度高，可达 75 MPa，约为钢材强度的 1/6；具有耐旱、耐涝、耐火、耐贫瘠、抗病虫、适应能力极强等特点。该技术充分利用了香根草的优良特征，具有增强边坡稳定性和固土护坡功能。目前，该技术国内应用较少，还有待于铁路、公路、堤坝、城市建设等边坡防护工程进一步试验推广。

（5）蜂巢式网格植草护坡。

蜂巢式网格植草护坡，是一项类似于干砌片石骨架护坡的边坡防护技术，是在修整好的边坡坡面铺正六边形混凝土框，形成蜂巢式网格后，在网格内铺填种植土。该技术所用的混凝土框可在预制场批量生产，拼铺在边坡上能有效地分散坡面雨水径流，减缓水流速度，防止坡面冲刷，保护草皮生长。其施工简单，外观齐整，造型美观大方，具有边坡防护、绿化双重效果，工程造价适中，略高于浆砌片石骨架护坡，该技术多用于填方坡面防护。

（6）喷混凝土植生护坡。

喷混凝土植生护坡是在软质岩、风化岩路堑边坡进行绿色防护的一项新技术，它是利用锚杆与镀锌网对坡面进行加固，以达到边坡稳定的目的，然后用喷浆机将植生混合料喷到数设机编网的岩石坡面上，使植生混合料全面包裹整个岩石坡面。喷混凝土后的坡面能很快地达到植生绿化的目的。并且，由于采用两次不同的喷护，喷护后的坡面具有抗冲刷、水土保持的功效。

该工法适用于所有开挖后的岩石坡面的保护和植生绿化，尤其对不宜植生的恶劣地质环境，如砾石层、软岩、破碎岩以及较坚硬的基础岩石和混凝土面等，有着十分明显的植生效果，是水土保持和环境绿化工程的一大突破。目前，国内该工法在公路和水利部门应用较多，铁路系统尚处于探索性应用的试验研究阶段。

## 3. 各类防护工程的经济比较

各类护坡技术的工程造价比较见表 6.6：

从表 6.6 可以看出，新技术与传统的边坡防护技术相比，尽管少数技术造价略微偏高，但该措施既能达到边坡防护目的，又能对生态环境起到很好的恢复、绿化作用，有利于维持生态平衡、美化环境。

表 6.6 各类护坡工程的经济比较分析

| 边坡防护类型 | 厚度/cm | 单价/（元·$m^{-3}$） | 单价/（元·$m^{-2}$） | 备 注 |
|---|---|---|---|---|
| 人工种草护坡 | | | $4 \sim 5$ | |
| 平铺草皮护坡 | | | 6 | |
| 液压喷播植草护坡 | | | $9.9 \sim 19.2$ | |
| 土工网植草护坡 | | | $22 \sim 29$ | |
| OH 液植草护坡 | | | 59 左右 | |
| 行栽香根草护坡 | | | $22 \sim 29$ | |
| 蜂巢式网格植草护坡 | 5 | | $37 \sim 56$ | 边长 175 mm |
| 喷混凝土植生护坡 | | $147 \sim 176$ | | |
| 干砌片石护坡 | $35 \sim 50$ | 176 | $62 \sim 88$ | |
| 浆砌片石护坡 | $35 \sim 50$ | 382 | $134 \sim 191$ | |
| 浆砌片石骨架草皮护坡 | $35 \sim 50$ | 382 | $35 \sim 48$ | 骨架净间距 4 m |

注：表中单价在参考 1999 年综合单价的基础上，考虑历年通胀率后得到 2016 年的综合单价，仅供参考。

## 6.2.2 渝万高速铁路路基边坡绿色化技术

2013 年，建设单位根据中国铁路总公司企业标准《铁路工程绿色通道建设指南》(铁总建设〔2013〕94 号）文件要求，对渝万高速铁路开展了绿色通道变更设计。具体路基边坡防护措施主要如下：

### 6.2.2.1 路基绿色防护措施

1. 路基边坡

（1）草灌护坡。

适用条件：① 适宜于草木生长的土质、风化软质岩，且边坡高度小于 3 m 的路堤、路堑边坡。② 边坡坡度不陡于 1：1.25 的边坡。

经常浸水、盐渍土和粉质土的边坡不宜采用。

绿化方式：坡面采取穴植小灌木，采取路堤撒播草籽、路堑喷播植草的方式进行绿化防护。每平方米草籽用量不少于 25 g，灌木不少于 5 株，草籽喷洒均匀，灌木呈自然式栽植。

施工顺序为：整平坡面→坡面回填种植土→穴植小灌木→喷播撒草籽→前期养护。

（2）路堤人字形截水骨架内草灌护坡。

适用条件：① 适用于边坡高度 $H \geqslant 3$ m，且边坡坡率不陡于 1：1.5 的路堤边坡。② 适宜于填筑的填料易使草木生长的路堤边坡；③ 采用 A、B 组填料填筑的不利于植物生长的路堤边坡，人字形截水骨架内撒草籽间植灌木护坡应在骨架内回填 10 cm 厚种植土再播草籽及间种灌木。

绿化方式：骨架内回填种植土后采取穴植小灌木、撒播草籽的方式进行绿化防护。每平方米草籽用量不少于25 g，灌木不少于5株，草籽撒播均匀，灌木呈自然式栽植。

施工顺序为：整平坡面→回填种植土→穴植小灌木→撒播草籽→前期养护。

（3）路堑人字形截水骨架内草灌护坡。

适用条件：①适用于各种土质、风化软质岩土等非膨胀性土路堑边坡，边坡高度 $H \geqslant 3$ m 且坡率不陡于1：1。主骨架净距6 m；②适用于适宜草、灌木生长的各种弱膨胀性的土质、风化软质岩土的路堑边坡且坡率不陡于1：1.5。主骨架净距3 m。

绿化方式：骨架内回填种植土后采取穴植小灌木、喷播植草的方式进行绿化防护。每平方米草籽用量不少于25 g，灌木不少于5株，草籽喷播均匀，灌木呈自然式栽植。

施工顺序为：整平坡面→回填种植土→穴植小灌木→喷播植草→前期养护。

（4）三维网喷播植草护坡。

适用条件：适用于坡率不陡于1：1.0，不利于植物生长的残积土、软质岩路堑边坡以及硬质岩填筑路堤边坡；路堑单独使用时仅使用于单级路堑边坡，高度一般不超过6 m，与骨架或框架梁护坡组合使用时可用于多级边坡防护。

绿化方式：采用挂三维网回填种植土后穴植小灌木、喷播植草的方式进行绿化防护。每平方米草籽用量不少于25 g，灌木不少于5株，草籽喷播均匀，灌木呈自然式栽植。

施工顺序为：整平坡面并视情况开挖楔形沟或鱼鳞坑换填种植土→覆种植土→铺三维网固定→网上覆种植土→穴植灌木→喷播草籽→前期养护。

（5）喷混植生。

适用条件：适用于边坡坡率不陡于1：0.75的软质岩及风化严重硬质岩路堑边坡，单独使用时用于单级边坡，与锚杆框架梁配合使用时可用于多级边坡，边坡自身应稳定。

绿化方式：喷混植生护坡由喷混植生层（含混合草种及灌木种）、锚杆、镀锌金属网、泄水孔组成。边坡上铺挂铁丝网，将有机基材、纤维、种植土按一定的比例搅拌均匀后采用专用喷射机械喷射在挂有镀锌金属网的坡面上，然后在表面再喷播草种进行绿化防护。

施工顺序为：锚固钢筋→铺挂铁丝网→扎牢铁丝网与锚筋→喷射基材（含灌木籽）→喷播草种→前期养护。

（6）三维柔性护坡。

适用条件：①适用于城镇及人口集中区、对景观要求严格的路堤边坡。②边坡坡率不陡于1：1.5。③边坡高度一般不大于10 m。

绿化方式：三维生态袋中采用混合草种的种植土，生态袋堆砌施工完后移栽小灌木。

施工顺序为：平整坡面→码放植生袋→穴植灌木→喷撒草籽。

2. 路基挡墙平台

采取砌筑种植槽的模式栽植绿化植物，植物选取草灌花及藤本搭配栽植。

3. 路堑侧沟平台

采取草灌花组合的模式进行绿化，当平台为圬工封面时，设置种植槽栽植植物。

4. 线路绿化林

（1）路堤。

①边坡高度小于3 m。

西南山区高速铁路建设绿色化技术与工程实践

有排水沟段，坡脚护道处至用地界栽植2排灌木，所选灌木内低外高。

无排水沟段，坡脚护道处至用地界栽植2排灌木，所选灌木内低外高。

② 边坡高度为3~6 m时。

有排水沟段，坡脚护道处至排水沟栽植2排灌木，排水沟外至栅栏栽植1排灌木及1排小乔木。

无排水沟段，坡脚护道处至用地界栽植1排灌木及1排小乔木。

③ 边坡高度大于6 m时。

有排水沟段，坡脚护道处至排水沟栽植2排灌木，排水沟外至栅栏栽植1排小乔木及1排乔木。

无排水沟段，坡脚护道处至用地界栽植2排灌木，排水沟外至栅栏栽植1排小乔木及1排乔木。

无排水沟段，坡脚护道处至用地界栽植1排小乔木及1排乔木。

④ 沿防护栅栏栽植1排攀缘植物或有刺灌木。

⑤ 设计范围内栽植乔灌后的裸露地表满撒草籽。

⑥ 小灌木株行距不小于0.3 m×0.5 m；灌木株行距不大于1 m×2 m，乔木株行距不大于4 m×2 m。

（2）路堑。

① 路堑堑顶栽植2排裸根垂吊型灌木。

② 有天沟时，天沟外至用地界栽植1排灌木。

③ 沿防护栅栏栽植1排攀缘植物或有刺灌木。

④ 设计范围内栽植灌木后的裸露地表满撒草籽。

⑤ 小灌木株行距不小于0.3 m×0.5 m；灌木株行距不大于1 m×2 m。

## 6.2.2.2 苗木配置

渝万线绿色通道苗木配置见表6.7。

表6.7 渝万线绿色通道苗木配置

| 项 目 |  | 重庆北至长寿 | 长寿至梁平 | 梁平至万州 |
| --- | --- | --- | --- | --- |
| 边坡、仰坡 | 小灌木 | 30%黄荆+30%紫穗槐+25%小果蔷薇+15%木豆 | 30%马桑+25%胡枝子+30%夹竹桃+15%猪屎豆 | 35%马棘+35%荆条+15%杜鹃+15%山毛豆 |
|  | 草籽 | 40%高羊茅+25%多年生黑麦草+25%白三叶+10%地被菊 | 40%狗牙根+40%结缕草+10%多年生黑麦草+10%野花组合 | 50%多年生黑麦草+40%粗茎早熟禾+10%紫花苜蓿 |
| 路堤 | 平台灌木 | 南天竺 | 黄荆 | 红花继木 |
|  | 平台爬藤 | 葛藤 | 油麻藤 | 凌霄 |
|  | 小灌木 | 小叶女贞 | 红叶石楠 | 金叶女贞 |
|  | 灌木 | 南天竺 | 黄荆 | 红花继木 |
|  | 小乔木 | 紫薇 | 红叶李 | 黄花槐 |
|  | 乔木 | 栾树 | 天竺桂 | 大叶女贞 |

续表

| 项 目 |  | 重庆北至长寿 | 长寿至梁平 | 梁平至万州 |
| --- | --- | --- | --- | --- |
| 路堑 | 侧沟平台灌木 | 南天竺 | 黄荆 | 红花继木 |
|  | 挡墙平台灌木 | 迎春 | 小果蔷薇 | 云南黄馨 |
|  | 挡墙平台爬藤 | 葛藤 | 油麻藤 | 凌霄 |
|  | 堑顶灌木（裸根） | 迎春 | 小果蔷薇 | 云南黄馨 |
|  | 天沟外灌木 | 南天竺 | 黄荆 | 红花继木 |
| 栅栏 | 有刺灌木 | 小果蔷薇 | 火棘 | 野蔷薇 |

### 6.2.2.3 路基绿色防护效果

通过实施绿色铁路建设，渝万铁路绿色边坡防护效果十分明显，图 6.7~图 6.14 为渝万铁路部分路基及边坡绿色防护效果图。

渝万高速铁路于 2013 年开工建设，2016 年 11 月 28 日开通运营，已经经受了近 4 年的雨季考验，包括 2016 年多次强降雨考验，全线路基边坡一直保持完整无损状态，显示出良好的路基边坡绿色防护效果。

图 6.7 DK64+550 路基 　　　　图 6.8 DK94+800 路基

图 6.9 打鼓山隧道出口路基 　　　　图 6.10 DK96+083 附近路基

图 6.11 马头庙双线特大桥附近路基    图 6.12 长乐水库双线大桥桥头路基

图 6.13 夏家院子隧道洞口边坡    图 6.14 钟家湾路基

### 6.2.2.4 结 论

渝万高速铁路建设的绿色化，是贯彻中共中央关于建设秀美山川的重大举措。习近平总书记曾经说过："我们不能吃祖宗饭、断子孙路，用破坏性方式搞发展。绿水青山就是金山银山。我们应该遵循天人合一、道法自然的理念，寻求永续发展之路。"因此，加强铁路建设的绿色化，改善铁路沿线生态环境，对于促进国民经济和社会可持续发展具有重大而深远的意义。

## 6.3 隧道建设绿色化技术

### 6.3.1 铁路隧道的施工方法

铁路隧道施工通常采用全断面开挖法、台阶法、分步开挖法等三种开挖方法，具体方法及使用范围详见表 6.8：

## 6 渝万高速铁路建设的绿色化技术

**表 6.8 铁路隧道施工方法及适用范围选择**

| 施工方法 | 适用范围 | 施工要求及技术措施 |
|---|---|---|
| 一、全断面开挖法 | Ⅰ～Ⅲ级围岩 | 配备钻孔台车或台架及高效率装运机械设备 |
| 二、台阶法 | Ⅲ～Ⅴ级围岩，Ⅵ级围岩单线隧道，采用有效措施后 | 1. 台阶长度宜为隧道开挖宽度的1～2倍。2. 上台阶的底部位置可在起拱线及以下。3. 上台阶使用钢架时，可采用扩大拱脚和施作锁脚锚杆等措施，防止拱部下沉变形 |
| 1. 环形开挖预留核心土法 | Ⅴ～Ⅵ级围岩的双线隧道 | 1. 环形开挖每循环开挖长度宜为$0.5 \sim 1$ m。2. 开挖后应及时施作喷锚支护、安设钢架支撑，每两榀钢架之间宜采用连接钢筋连接，并应加锁脚锚杆。3. 核心土面积不应小于整个断面的50%。4. 当围岩地质条件差，自稳时间较短时，开挖前应在拱部设计开挖轮廓线以外，进行超前支护 |
| 2. 双侧壁导坑法 | Ⅳ～Ⅴ级围岩双线或多线隧道 | 1. 侧壁导坑形状应近于椭圆形断面，导坑断面宜为整个断面的1/3。2. 侧壁导坑领先长度根据现场确定，一般情况下为$30 \sim 50$ m。3. 导坑开挖后应及时进行初期支护，并尽早封闭成环 |
| 三、分步开挖法 3. 中洞法 | 双连拱的隧道 | 1. 中洞开挖高度应大于中墙高度1 m，开挖宽度应大于5 m。2. 短隧道可先贯通中洞，后开挖两侧。3. 中洞开挖后，应及时施作初期支护，再分段灌注中墙混凝土，每一级向段长度宜为$4 \sim 6$ m；在中墙混凝土达到设计强度后方可拆模，并应进行临时横向支撑。4. 施工中应注意力的转换，两侧均衡开挖，并设置临时横向支撑。5. 中墙顶部应做好防排水工作 |
| 4. 中隔壁（CD）法 | Ⅳ～Ⅴ级围岩的浅埋双线隧道 | 1. 中隔墙开挖时，应沿一侧自上而下分为二或三步进行，每开挖一步均应及时施作锚喷支护、安设钢架、施作中隔壁，底部设临时仰拱，中隔壁墙依次分步联结而成，之后再开挖中隔墙的另一侧，其分步次数及支护形式与先开挖的一侧相同。2. 各部开挖时，周边轮廓应尽量圆顺，减小应力集中。3. 各部的底部高程应与钢架接头处一致。4. 每一部的开挖高度，宜为3.5 m。5. 后一侧开挖应全断面及时封闭。6. 左、右两侧纵向间距，应拉开一定距离，一般情况为$30 \sim 50$ m。7. 中隔壁应设置为弧形或圆弧形。8. 中隔壁在灌注二次衬砌时，应逐段拆除 |
| 5. 交叉中隔壁（CRD）法 | Ⅳ～Ⅵ级围岩浅埋的双线或多线隧道 | 除应满足中隔壁法施工的要求外，尚应满足下列要求：1. 设置临时仰拱，步步成环。2. 自上而下，交叉进行。3. 中隔壁及交叉临时支护，在灌注二次衬砌时，应逐段拆除 |

西南山区高速铁路建设绿色化技术与工程实践

## 6.3.2 隧道施工的绿色化技术

环境保护是保证社会生态平衡、人们身体健康的需要。为了控制隧道施工现场的各种粉尘、污水、水土流失以及噪声、振动等对环境的污染和危害，施工中要严格落实各种有效措施。

（1）合理选择弃土场、拌和站、梁场、施工便道、施工营地等施工场地。弃渣场要严格按照"先挡后弃"原则，及时完善挡护、排水、分级、平整、覆土复绿工作，不得向用地范围外特别是河流随意弃土。对于占用的农业用地，在施工中应保存表层的土壤，分层堆放，用于新开垦耕地、劣质地或者其他耕地的土壤改良。

（2）对施工现场、场地、汽车便道进行硬化处理，并指定专人定期洒水降尘。

（3）对施工废水要按设计进行沉淀处理，对生活污水采取二级生化或化粪池净化处理，避免污染河道和周围环境。

（4）施工期做好隧道环境监控。对沿线玉峰山隧道、排花洞隧道、分水隧道等12座顶部分布有集中居民点或泉眼、饮用功能的水库等隧道，采取施工过程监控，实时掌控隧道施工对地表水、地下水、建筑物的影响，及时采取补救措施。

（5）施工时坚持"以堵为主"的防治水原则。采取"堵水防漏，保护环境"和"先探水、预注浆、后开挖、补注浆、再衬砌"的设计、施工理念，尽量减缓和避免地下水漏失风险。

（6）对于穿越玉峰山森林公园、东山森林公园的隧道，全面优化施工方案。在落实施工期环境振动监测的同时，根据隧道施工断面与建筑物的距离、隧道的岩性以及建筑物的结构类型合理控制爆破装药量，减少爆破噪声对周围敏感物和居民生活的影响。

此外，在隧道洞内施工过程中，相关环保措施要切实落到实处：

（1）落实隧道监控量测工作，特别是对瓦斯隧道，严格执行瓦斯隧道相关操作规程，严格实施监测方案。

（2）加强隧道初期支护工艺管理。隧道初支一律采用湿喷机喷锚支护，减少粉尘污染。

（3）加强洞内通风管理。经常检查风机、风管运行状态，确保通风效果良好。

（4）合理布设洞内临时排水设施。防止积水、泥浆污染施工材料，加强成品保护。

（5）每次出渣完工后，要指定专人及时洒水清扫，防止作业场所扬尘。

## 6.3.3 隧道的洞口结构

**1. 隧道洞口结构形式**

在我国，隧道洞口结构形式常见的有以下几种：

（1）环框式洞门。将衬砌略伸出洞外，增大其厚度，形成洞口环框，适用于洞口石质坚硬、地形陡峻而无排水要求的场合。

（2）端墙式洞门。这种洞门适用于地形开阔、地层基本稳定的洞口；其作用在于支护洞口仰坡，并将仰坡水流汇集排出。

（3）翼墙式洞门。这种洞门是在端墙的侧面加设翼墙而成，用以支撑端墙和保护路堑边坡的稳定，适用于地质条件较差的洞口；翼墙顶面和仰坡的延长面一致，其上设置水沟，将仰坡和洞顶汇集的地表水排入路堑边沟内。

（4）柱式洞门。通常在地形较陡、地质条件较差且设置翼墙式洞门又受地形条件限制时，在端墙中设置柱墩，以增加端墙的稳定性。它比较美观，适用于城郊、风景区或长大隧道的洞口。

（5）台阶式洞门。对于傍山地区，为了降低仰坡的开挖高度，减少土石方开挖量，可将端墙顶部做成与地表坡度相适应的台阶状。

（6）斜切式帽檐洞门。斜切式帽檐洞门是一种新型的隧道门，在目前国内各地的隧道建设中并不多见，主要适用于洞口只有短浅路堑或无路堑且仰坡坡度较陡的情况。

（7）削竹式洞门。当洞口为松散的堆积层时，通常应避免大刷仰、边坡。一般宜采用接长明洞，恢复原地形地貌的办法。此时，可采用削竹式洞门。

（8）遮光棚式洞门。即当洞外需要设置遮光棚时，其入口通常外伸很远。遮光构造物有开放式和封闭式之分。

## 2. 渝万铁路隧道洞口形式

渝万铁路隧道洞口除了采用端墙式洞门、翼墙式洞门、台阶式洞门三种形式之外，不少隧道洞口结合地形采用了斜切式帽檐洞门，如高石盘隧道进口、尖山隧道出口、罗家湾隧道出口以及长寿湖隧道及沙坡二号隧道等等，图6.15～图6.20为渝万铁路部分隧道洞门图。

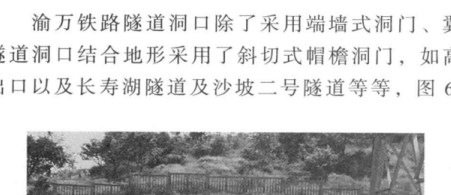

图 6.15 老院子隧道进口

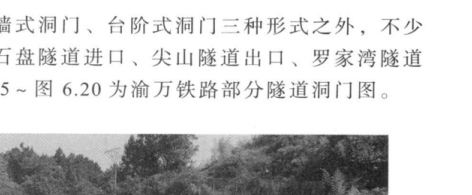

图 6.16 夏家院子隧道进口

图 6.17 罗家湾隧道出口

图 6.18 甘家湾隧道出口

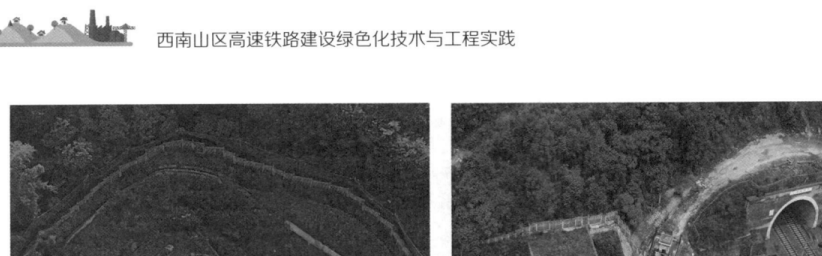

图 6.19 尖山坡隧道出口　　　　图 6.20 玉峰山隧道进口

## 6.4 桥梁建设绿色化技术

### 6.4.1 生态效应分析

渝万高速铁路全线桥梁高度根据线路竖向坡度、是否跨越既有铁路等因素变化，相较于传统地面铁路而言，渝万铁路大量采用桥墩落地，占用的地面空间更少，保证了地面的连通性，大大减少了对地方规划的切割。这从景观和城市发展角度来看，都有益于生态格局的完整，具有积极的生态效应。

铁路作为线形的结构物，要穿越城市或自然环境，必然会对生态环境产生影响，这种影响体现在宏观和微观上。宏观上，铁路会对初始景观格局产生影响；中微观层面上，桥梁结构尺寸和桥下空间对桥梁发挥生态效应也十分重要，而基于环保优先的施工建设，则是桥梁生态效应得以发挥的有效建设途径。

以斑块-廊道-基质为结构的景观格局影响着生态作用的发挥。其中：斑块是"景观的空间比例尺上所能见到的最小的异质性单元"；廊道是"不同于基质两侧的狭长地带"；而基质是"景观中范围广阔，相对同质且连通性较强的背景区域"。由于桥梁是线形结构物，因此主要考虑斑块和廊道影响。

（1）斑块的影响分析。

如图 6.21 所示，传统路基铁路将斑块切割为两个较小斑块，且隔断了斑块之间的联系，被切割后的斑块面积减少、形状改变且斑块的控制强度降低，斑块内的物种数量和质量也会随之下降。如果被切割后的斑块过小，那么随时间流逝，这个小斑块可能消失，不利于景观格局的稳定，会带来负面生态影响。如图 6.22 所示，桥梁形式的铁路由于占用斑块小，且提供了有效的竖向空间，不会打破原有景观格局，保证了原有景观格局生态作用的持续发挥。

6 渝万高速铁路建设的绿色化技术

图 6.21 传统路基对斑块的切割

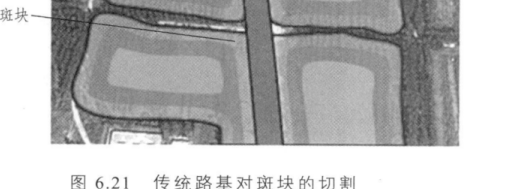

图 6.22 桥梁形式铁路对斑块的占用

（2）廊道的影响分析。

如图 6.23 所示，传统路基铁路平铺于廊道上，造成了廊道宽度的缺失，仅剩下部分廊道发生作用；如果占用宽度超过了廊道的承受极限，将会影响到廊道边缘物种及内部物种的迁徙，导致能量流、物质流得不到交换，使得生物从廊道消失，最终导致廊道功能的失效，破坏生态稳定。而如图 6.24 所示，渝万桥梁只有桥墩部分占用廊道，占用面积小，且提供了竖向空间，保障了廊道的生态作用。

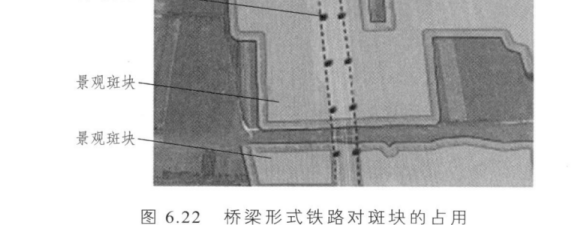

图 6.23 传统铁路垂直穿越廊道

图 6.24 绿色铁路垂直穿越廊道

## 6.4.2 水污染控制

（1）严格按照地方政府和有关部门的项目建设要求，依法办理有关手续，并采取有效措施，最大限度地减缓对生态环境的影响和破坏。

（2）施工前在桥的永久性征地范围内开挖足够大的泥浆池，泥浆在沉淀池中沉淀，经过一段时间后进行覆盖、平整。泥浆池四周设围栏，防止浆液流出，增加渣场容量。

（3）因钻孔桩施工弃渣场的选址需经过严格的规划勘测设计，并严格控制用地规模，不得超出设计规模增加用地数量、更改弃渣场位置或随意改变其他设计内容。任何渣场的设计变更需报原设计单位同意，未经批准不得擅自更改弃渣场场址及扩大占地。

（4）钻孔桩的泥浆首先排放到沉淀池中进行沉淀，施工过程中定期或不定期地对下部泥渣进行清理，清理后的泥渣用密封良好的泥浆车运输到弃渣场。施工过程中严禁让浆池中的泥浆流到地方排水系统中或耕地中；同时防止弃渣场里的泥渣被雨水冲击形成泥浆流出。

（5）桥梁附近的施工营地或施工现场应尽量远离水体。若不得不布设在水体附近，产生的污水、粪便严禁排入水体，生活污水、粪便必须经化粪池处理后给当地农民还田。

（6）施工机械需严格检查，防止漏油。禁止将污水、垃圾直接抛入水体，应收集后与特大桥工地上的污染物一并作清运处理。

（7）渣体堆积完成后，削坡整形和平整渣顶，使体形满足稳定要求、不发生滑坡、便于绿化。

（8）合理安排施工时间，防止噪声扰民。采取洒水、覆盖等措施，防止施工扬尘对附近敏感点的影响。

（9）明确环保和水保条款、责任，确保环境保护和水土保持工程建设质量，并定期向地方环保部门提交工程环境监理报告。

（10）施工现场的生活垃圾和工程废弃物集中堆放，经处理后，除部分用于农作物肥料外，其余均挖坑深埋并平整土地，恢复植被。钻孔桩泥浆集中排进沉淀池，待沉淀固化后，挖出弃于指定位置。

## 6.4.3 光污染控制

（1）对施工场地直射光线和电焊眩光进行有效遮挡，避免对周围区域产生不利影响。

（2）施工现场大型照明灯要有俯射角度，要设置挡光板控制照明光的照射角度，应无直射光线进入非施工区。

## 6.4.4 噪声污染控制

（1）施工过程中对搅拌机、钻机、切割机等噪声较大的机械工作时尽量错开敏感时段，错不开敏感时段的，严格按照法定噪声指数施工，合理安排施工作业顺序和作业时间，并采取一定的遮挡措施，最大限度地减少对周围居住地的噪声污染。

（2）在技术指标允许的范围内，使用噪声小、能耗低的先进施工机械施工。

## 6.4.5 节能及能源的有效利用

施工现场广泛采用节能机械和器具，做到一机一表、一室一表能耗控制，塔吊、电梯、架梁吊机普遍采用节能高效变频型设备。

## 6.5 弃渣场建设绿色化技术

### 6.5.1 工程弃渣特点

弃渣场的选择和土石方数量的大小、施工地点与施工方法有关。过去路堑土石方施工采用小型机械和人工施工时，少量弃渣常堆放在路堑顶或加宽路堤来弃渣；隧道施工多采用轨道运输，多采用沿山坡、沿沟和加宽路堤的方法弃渣。随着高速铁路的高标准修建，隧道占比和长大隧道大幅增加，在综合考虑以挖作填的措施下，不可避免地产生大量剩余弃渣需采取汽车外运。因此，项目开工前，建设单位应组织各区县铁办、国土、规划、环保、水利（涉及林地的须林业）等相关部门现场踏勘，结合现场实际进行确定，以减少对土地资源的占用。弃渣场的弃渣形式主要有以下几种：

1. 沿河弃渣场

沿河线路距河底较远，且水流量小、河滩较宽时，可采用沿河弃渣。

2. 沿山坡坡脚弃渣场

选择线路附近的山坡，应根据弃渣量的大小，选择一定高度来修建弃渣场的临时便道，沿山坡坡脚弃渣。

3. 山沟弃渣场

这种形式是将两山之间的山沟选作弃渣场。在一侧的山坡上修建弃渣便道，弃渣时先沿便道弃渣，然后逐渐加宽，最终将山沟填平。

4. 平地弃渣场

地势平坦的荒地或贫瘠土地也可选作弃渣场。弃渣前先填筑至弃渣堆顶的便道，然后进行弃渣。

西南山区高速铁路建设绿色化技术与工程实践

5. 回填弃渣场

将弃渣用于土地平整和由于取土、取石、取沙等形成的废弃砂石坑凹地回填。

## 6.5.2 弃渣场的绿色化设计

弃渣场的设置是设计文件的组成部分，弃渣场的设置除应满足弃渣量外，同时，弃渣完毕后要防止滑坡、泥石流和破坏、污染环境的次生灾害发生，并尽可能满足复耕或绿化要求。

1. 弃渣场范围内的地质勘察

在弃渣场范围内，进行地质勘察，为设计提供最基础的资料，使弃渣场的设计更加科学合理、切合实际。

2. 弃渣范围计算

根据弃渣量和地形条件，计算弃渣范围和渣顶的标高。

3. 横断面设计

根据弃渣高度，设计坡脚挡护、边坡台阶、边坡坡度和边坡防护。

4. 弃渣前的地面处理

为保证渣堆的稳定，根据地面坡度，必要时在弃渣前对地表进行处理，如挖台阶或铲草皮等。

5. 地表排水设计

为防止雨水冲刷造成水土流失而破坏、污染弃渣范围外的环境，根据情况应设计截、排水沟。

6. 复耕和绿化设计

对设计完成的弃渣场进行地质、安全及环保评估，确保依法合规、安全可靠。

## 6.5.3 弃渣场的选址

渝万铁路为典型山区铁路，原生态植被丰富，对原生态植被的保护与恢复就尤为重要。如弃渣场的选用不当，会不可避免地引起沿线自然植被的破坏、农田林地占用以及水土流失。因此，在弃渣场的选用中需贯彻一个理念——最少破坏就是最好的保护。渝万铁路弃渣场的选择，是在踏勘调研的基础上结合弃渣量大小、地形、地貌和水文、工程地质条件等，因地制宜、科学合理地进行综合考虑而确定。

1. 严格遵守国家相关法律法规

与弃渣场选址有关的法律法规有《中华人民共和国自然保护区条例》《中华人民共和国森林法》《中华人民共和国水土保持法》《基本农田保护条例》《中华人民共和国防洪法》《风景名胜区管理条例》《中华人民共和国文物保护法》《地质遗迹保护管理规定》和《森林公园管理办法》等。

## 6 渝万高速铁路建设的绿色化技术

2. 落实环境保护和水利部门的环境评估、水保报告书批复意见

选址时应非常重视场地的地形地貌条件，避免在一些自然保护区、风景名胜等环境敏感点弃渣。

3. 牢固树立"安全第一"的思想

弃渣场的选择不能对新建铁路、既有铁路，既有等级道路、建筑等公共设施和人民的生命财产造成损失。避免弃渣场的修建而发生次生灾害，防止因修建弃渣场造成滑坡、泥石流、堵塞河流、冲毁农田和森林、污染环境等不安全因素。

4. 符合经济适用的要求

在具体选择弃渣场时还应考虑：

（1）尽量在永久占地范围内弃土。

（2）尽量少占或不占农田，尽量少毁林，首选就近弃渣，山沟、坡脚弃渣。有多个适合的弃渣场时，可根据弃渣量的大小、运费和临时便道、占地、防护等综合费用进行经济比较。在经济、合理的条件下，几个工点可共用一个弃渣场。

（3）不在征地困难地段设置弃渣场。

（4）弃渣场尽量远离居民区，弃渣路线尽量少干扰地方交通。

（5）弃渣场的选择应和有关单位协商，并签订协议。

在设计单位初步选定弃渣场后，宜由建设单位组织设计院、地方环水保部门、国土部门、铁路建设管理部门及有关乡村组织，对初步选定的弃渣场进行现场踏勘和核对，确保其选址无误。建设单位、区县国土部门、设计院共同签订弃渣场的原则性协议，这样可以保证弃渣场位置的相对稳定，确保初步设计的审查顺利进行。在施工阶段对施工图所选定的弃渣场进行现场踏勘、核对和丈量，由建设单位、区县国土分局、设计院、施工单位、监理单位、土地所有者共同签订弃渣场的实施性协议，并按政府批复的土地复垦、环保、水保方案，在弃渣前签订复垦协议。

### 6.5.4 弃渣的综合利用

施工中，隧道、路基及站场开挖产生的大量工程弃渣，一方面要占用土地资源、破坏植被、侵蚀土壤，加剧了洪涝灾害和地质灾害；另一方面，汽车运输在消耗大量汽柴油的同时跑冒滴漏污染环境，并耗费大量的财力、物力。因此，综合利用弃渣，变废为宝是一个很值得研究的课题。具体来讲，渝万铁路从以下几方面对弃渣进行了尽可能的合理利用。

1. 优化设计，作为渝万高速铁路工程填料再利用

渝万高速铁路在前期可行性研究中设计有6处取土场，共需借方 $272.17 \times 10^4$ m$^3$（其中，$119.60 \times 10^4$ m$^3$ 为站场填料及部分路基填料购买的 AB 组基床填料，$152.57 \times 10^4$ m$^3$ 为就近取土场取土）。初步设计、施工图设计阶段，通过进一步优化设计，取消了所有取土场，主要用于以下几方面：

（1）筛选并进行二次破碎后用于路基（路堤）填筑。

（2）筛选片石用于挡墙和明洞等背后回填。

（3）加工成混凝土粗骨料或机制砂等材料。

（4）用于修筑路基边坡骨架护坡防护、弃渣场挡墙等等。

2. 结合地方规划，作为城市开发基础设施填料综合利用

如万州北站广场修建，原址为长大斜坡地形（图 6.25），就是充分利用万州北站站场开挖弃渣大规模回填而成（图 6.26）。还有，郑万铁路万州铺轨基地原地面低于渝万铁路轨面标高 20 m 不等（图 6.27），渝万公司与万州区政府充分对接，在综合考虑万州北站周边土地开发利用整体规划时，结合下一步修建郑万铁路大临用地规划，采取铁路工程弃渣回填利用，既解决了郑万铁路铺轨基地选址问题，又为该地块后续综合开发利用打下了良好基础（图 6.28）。

图 6.25 万州北站站前广场原地貌

图 6.26 万州北站站前广场现状

图 6.27 郑万高速铁路万州铺架基地原地貌

图 6.28 郑万高速铁路万州铺架基地现状

## 6.6 制梁场建设绿色化技术

通过制梁场的绿色化技术，能在保证质量、安全等基本要求的前提下：第一，最大限度

地节约资源，实现节能、节地、节水、节材。对涉及可持续发展的各个方面，包括减少物质化生产、可循环再生资源利用、清洁生产、能源消耗最小化、生态环境的保护等等，实现社会效益的最大化。第二，能提高现场施工管理水平，最大限度地节约资源，减少施工活动对环境造成的不利影响，规范绿色施工管理，并最终实现全面达标，实现经济效益、社会效益和环境效益的统一。第三，通过绿色施工中的节能、节地、节水、节材等措施，实现项目控制成本的经济目标。为此，渝万高速铁路制梁场建设中采用了以下绿色化技术：

## 6.6.1 组织管理

制梁场在组建之初便建立了健全的绿色施工管理体系（图6.29），以梁场场长为第一责任人，明确了绿色施工管理人员，各负责人分工负责节能、节地、节水、节材、环保目标。根据国家有关要求制定了相应的绿色施工管理制度与目标，明确了各施工工序绿色施工的岗位职责，责任人签字确认。按制度对责任人进行考核，考核记录真实完整，对考核不符合标准的将安排专门的培训，直至考核通过。

（1）场长为绿色施工第一责任人，负责绿色施工的组织实施及目标实现，并指定绿色施工管理人员和监督人员，保证本项目绿色施工措施、资金投入的实施工作。

（2）分管安全质量副场长为绿色施工实施责任人，负责项目部绿色施工计划、目标的宣传发动和组织落实工作。

（3）安质部负责人负责施工现场的自查工作，每月检查不得少于两次，对存在的问题及时进行整改。

（4）工程部负责人负责施工组织及各种方案的制订和落实工作。

（5）物设部负责人负责物资材料供应计划和协调工作。

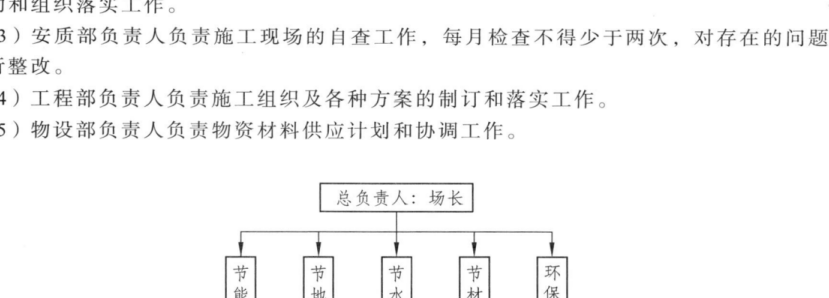

图 6.29 绿色施工管理体系

## 6.6.2 规划管理

梁场对环境保护、节材、节水、节能、节地与施工用地保护等各方面制定了详细的措施。绿色施工各项措施配有量化指标，指标根据管理目标确定。每一量化指标均设最低警戒值，对量化值相对低的环节采取相应的整改措施，直至符合相关要求为止。

## 6.6.3 实施管理

（1）根据本工程施工的特点，优化施工方案，合理安排施工工序，并做好每道工序的衔接工作，确保施工工序连续，不做背工活、返工活。优化配置使用各种资源，把绿色施工纳入施工组织设计。

（2）绿色施工在实施过程控制中保证记录内容详细完整，对于施工用电和生活用电实施计量管理，按月采集数据，计量管理实施有详细的记录。

（3）根据施工进度提前做好材料计划，合理安排材料的采购、进场时间和批次，减少库存，材料堆放整齐，一次到位，减少二次搬运。对施工机具及耗材、耗能情况每周进行统计。

（4）加大绿色施工的宣传力度，营造绿色施工氛围。定期对项目部全体管理人员及民工组织绿色施工专项培训，提高职工绿色施工意识。

（5）对参建员工进行"四节一环保"（节能、节地、节水、节材和环境保护）的教育培训，增强员工绿色施工意识，并制订"四节一环保"工作计划。

## 6.6.4 评价管理

（1）由公司相关人员成立绿色施工评估组，定期对项目进行评估，对工作及管理不到位的部分提出改进意见，将评估情况及改进意见留有记录。

（2）评估自绿色施工方案制订开始，贯穿施工全过程，在项目竣工后进行综合评估，并建立专门的绿色施工档案。

## 6.6.5 节地管理

### 6.6.5.1 场地设计原则

梁场场地设计应遵守法律法规的规定和符合有关主管部门的规定要求，遵循"因地制宜，节约土地，保护环境，安全可靠，规范有序，功能完备，布设合理，方便生活，满足生产，节能减排"等基本原则。在场地建设过程中，对场地进行技术、经济、环保比选确定场址，在环保比选中，按照尽量不占农田、尽量减少填挖方量、尽量不影响当地已有交通体系的原则选择最优场址（表6.9）。

表 6.9 建场方案对比

| 地点 | 技术条件 | 经济条件 | 环保条件 | 结论 | 主要原因 |
|---|---|---|---|---|---|
| 场址 1 | 可行 | 可行 | 可行 | 可以建场 | — |
| 场址 2 | 可行 | 尚可 | 不可行 | 不宜建场 | 复垦难度大 |
| 场址 3 | 可行 | 不可行 | 可行 | 不宜建场 | 改移道路影响公路交通 |

### 6.6.5.2 场地设计方法

梁场共划分为6个基本区域，制梁区、存梁区、混凝土搅拌区、材料存放加工区、办公

## 6 渝万高速铁路建设的绿色化技术

区（试验室）、生活区。梁场分设4个制梁区，设置预制梁台座22个，其中32 m箱梁台座20个，24 m箱梁台座2个；存梁区设存梁台座4对8条，每条长120 m。为了满足梁场生产高峰期的混凝土供应，设置HZS60、HZS90搅拌站各1座。钢筋加工车间由两个移动棚和一个固定棚组成，配置立式数控钢筋弯曲中心、数控箍筋机、数控钢筋液压调直切断机等钢筋加工机械。

（1）为使基础填筑尽量达到场内土方基本挖填平衡，要合理设计计算场地地面基准标高。新建梁场场坪规划时，可只考虑制梁区、存梁区基于同一基准标高，其他区域如搅拌站、办公生活区、劳务工住宿区可根据地形布置，减少土方挖填方量，同时也可以减少机械设备油耗和废气排放。

（2）混凝土拌和站。制梁场东侧设置HZS60和HZS90拌和站各1座，供应梁场所有的混凝土。拌和站旁设一个容量为100 $m^3$ 的蓄水池，供施工使用。砂石料场占地1 200 $m^2$，可存放1 800 $m^3$ 砂石料，料场全部使用20 cm的C20混凝土进行硬化，不同规格的材料间砌挡墙进行隔离，原材料有冲洗时污水排入环保装置进行处理。

（3）其他设施。

① 办公区。

办公区设在制梁场西南侧，房建采用彩钢复合吊顶板房，单排14间，分设梁场各办公科室，并挂牌标识，室内规范安装配套办公设施，垃圾分类投放处理。

② 试验室。

试验室设在办公区北侧围边，用彩钢复合吊顶板房，使用面积280 $m^2$，分设地材、钢材、力学、标养等标准试验室。

③ 生活区。

生活区宿舍、餐厅、澡堂、公共厕所等房屋采用彩钢复合板房，生活区与办公、试验、生产等区域分离，垃圾分类投放处理。生活区内布局合理，设施齐全，安全卫生，绿化环保。

### 6.6.6 节水管理

梁场办公生活区、搅拌站、生产区各修建一口80 m深水井。

（1）办公生活区水井采用3t无塔供水器连接，供应梁场管理人员（约40人）生活用水，根据《城市居民生活用水量标准》（GB/T 50331—2002）的规定，精细确定梁场每年6—9月份办公生活区日生活用水量为120 L/（人·d），每年10—11月份办公生活区日生活用水量为100 L/（人·d）。

主要管控措施：

① 洗衣机旁张贴告示，告知员工三分之一桶、二分之一桶、一桶衣服各加多少水、洗涤时间、漂洗次数和甩干时间，员工根据衣物多少选择洗衣参数。

② 洗澡间热水器旁张贴告示，提示员工节约用水，特别是在头发抹洗发水、身体擦沐浴露和香皂过程中关闭水阀。

③ 每天上班点名过后，派人巡查所有水龙头和阀门是否拧紧。

（2）搅拌站水井采用抽水泵与蓄水池连接，供应混凝土搅拌用水，梁体C55配合比每立方米混凝土的需用水量为144 kg，搅拌站月均出C55混凝土2 500 $m^3$，日均混凝土搅拌需用水量为12 000 L，日均清洗罐车、装载机需用水为1 000 L，日均道路洒水2 000 L，即搅拌站日均总需用水量为15 000 L。

主要管控措施：

① 为防止砖砌蓄水池底部和侧面漏水，在蓄水池内部设置一个铁水箱。

② 每天早上6点半由搅拌站杂工负责给蓄水池抽水，蓄水池达到20 $m^3$后停止抽水，此方法是基于井水的恒温作用考虑。夏季环境温度为35 °C时，井水温度为15 °C，混凝土使用井水后出机温度可降低5～8 °C；冬季环境温度为5 °C时，井水温度为15 °C，混凝土使用井水后出机温度可提高4～6 °C。

（3）生产区水井采用5t无塔供水器连接，供应生产区压浆和养护用水。

主要管控措施：

① 压浆工序采用全自动压浆台车，粉料和水用量自动称量，压浆台车旁放置一个200 L的塑料桶，不上料时水管放入桶内，压浆完毕后优先使用桶内水进行压浆台车清洗。

② 梁体腹板、翼缘板底部混凝土养护采用自动喷淋设施，当混凝土表面全部浸湿后，立即停止洒水养护

③ 梁顶面采用覆盖保湿养护，严禁水管直接冲淋梁顶面。

## 6.6.7 节电、节油管理

场区内用电分为办公生活区、试验室、搅拌站、生产区、队伍生活区等五大区域，每个区域均设置电表。

梁场范围内主要使用柴油设备油罐车、装载机、内燃叉车，所有设备加油均由物资部库管员负责。主要油耗的管控措施和成效：

（1）混凝土罐车。

搅拌站给罐车制订的控油措施有三点：第一是根据罐车的最大体积进行混凝土运输，减少罐车运输趟数；第二是车内使用空调时，夏季空调温度设置不得低于26 °C，冬季空调温度设置不得高于20 °C，且空调运行期间禁止开车窗；第三是每月进行罐车的单机油耗分析，测算罐车运送1 $m^3$混凝土的耗油量，将油耗结果进行公开评比，奖励油耗最低的罐车司机，并对油耗最高的罐车司机进行批评。

（2）装载机。

装载机主要用途为运输搅拌站上粗细骨料和运送封端混凝土。管控措施有两点：第一是每次配料仓上料必须将装载机料斗装满，司机要观察配料仓的消耗情况，减少上料次数；第二是减少装载机用于其他使用目的的次数。

（3）内燃叉车。

内燃叉车主要用途为转运钢绞线、圆钢半成品、压浆水泥、压浆剂、T钢、联结钢板、支座钢板、钢支座等材料。管控措施有两点：第一是内燃叉车的钥匙由现场领工员保管，现场需要使用叉车时向领工员申请，说明用途，领工员同意后方可发放钥匙，叉车使用完毕后将钥匙交还给领工员；第二是叉车油箱加锁，防止盗油现象的发生；第三是梁场规定每月按各队伍完成的T梁数量中的钢绞线、圆钢、压浆水泥等材料的设计数量（t）×0.2 L/t为项目部承担的叉车用油量，超出部分由施工队按浇筑混凝土方量加权平均分担。

## 6.6.8 物料管理

梁场主要物料有钢筋、钢绞线、水泥、压浆剂、防水涂料、防水卷材等。如何控制这些原材消耗，减少损耗是梁场节能减排的一个关键项。

钢材是梁场除混凝土外使用最多的材料。实现"零废料""零浪费""高效率"是我们达到节能减排的口号。在钢筋下料方面采取不同型号钢筋配合下料的方法。例如32 m梁A1筋每根长5.06 m，原材是9 m的料，剩下的3.94 m可以下2根A9。这样几乎能做到钢筋下料的零废料的目的。同时在钢筋半成品生产过程中实行全程监控，不定时抽查，杜绝不合格品的产生，实现钢筋加工的零浪费。在钢筋加工方面，采购2台数控加工设备，比传统的钢筋调直机、钢筋弯曲机等机械效率高3~3.5倍，每套数控设备每天可加工35~45 t钢筋，而传统机械每天只能加工10~15 t钢筋，并且能达到钢筋误差"零"标准，不仅大大提高了加工效率及合格率，也节省了大量人工。

在钢绞线用量方面，主要从机械化、精密化实现突破。在钢绞线下料方面采用全自动穿束机，从传统每片梁3~4 h缩短至1.2 h。并且在下料长度方面采用卡具定位，确保每端70 cm的工作长度准确无误。同时对于每卷剩余钢绞线大于2 m的均可作为桥梁横向连接钢绞线下料，大大减少了钢绞线废料的产生。

搅拌站也进行了多项技术创新及新技术的应用，在节约能源和建筑垃圾、废水、粉尘等方面取得了一定的成效。

骨料仓采用全封闭式大跨度钢结构模式，既能满足料仓的容量要求，又能减少卸料时骨料的粉尘污染。同时搅拌楼与料仓并排设置，大大减少了装载机上料的运输距离，降低了设备的燃油消耗，也提高了设备的工作效率。

减水剂存放容易受气温变化的影响，可能引起外加剂罐上下成分不均匀或产生沉淀物，往往会有部分剩余外加剂不能达到使用的指标，影响混凝土的质量。现在在外加剂罐装备一套电动搅拌设备，大大提高了减水剂的利用率，节约了材料。

为消除粉料（水泥、粉煤灰）由运输车吹填入搅拌站粉料罐时的粉尘飘洒，给粉尘罐加装了吸尘回收装置，既消除了吹填时的环境污染，也杜绝了吹填时的材料消耗。为控制混凝土拌合料的计量精度，更换了粉煤灰、矿粉仓的推进螺旋，降低了这两种材料在入仓计量时的非正常损耗。

在计划采购方面，每个月按照生产计划合理安排材料进场，减少其存放时间，保证原材料的工作性能。对于压浆水泥、压浆剂，首先在发料方面，实行定额发料，把浪费杜绝在源头。同时为了精确控制压浆配料的误差，采购2台全自动压浆台车，严格控制每盘浆体的水泥、压浆剂的用量，不仅保证了浆体的质量，也减少了因为配比造成的浪费。在压浆过程中，往往会出现漏浆的情况，利用回浆管、回浆桶等措施使其能重复利用。同时在配料方面，技术人员会精确计算每片梁的用量，避免出现剩余过多浆液的现象。

## 6.6.9 废气

梁场废气的来源主要是罐车、装载机、叉车、汽车吊的尾气排放。

汽车排放的尾气，除燃烧产物 $CO_2$、水蒸气为无害成分外，其余均为有害成分。汽车发动机排放的尾气中的一部分毒性物质，是由于燃料不完全燃烧或燃气温度较低而导致的，如 $CO$、$CH$ 化合物和碳烟；另一部分有毒物质，是由于燃烧室内的高温、高压环境而产生的氮氧化合物 $NO_x$；此外还有燃料及添加剂本身燃烧所产生的 $SO_2$ 和铅化合物等物质。

这些物质中，$CO$ 可与人体血液中的血红素结合，阻碍血液吸收氧气和输送氧气而中毒死亡，被称为汽车尾气排放的第一公害。

$NO_x$ 是 $NO$ 及 $NO_2$ 的总称，其中 $NO$ 与血液中的血红素的结合能力比 $CO$ 还强，容易使人中毒而死亡，还能与 $O_2$ 反应产生 $NO_2$。而 $NO_2$ 是一种褐色有毒气体，有特殊刺激臭味，会损害人的眼睛和肺部，是汽车尾气排放的第二公害。

$CH$ 化合物在太阳光紫外线作用下，会与 $NO$ 起光化反应生成臭氧、醛等烟雾状物质，刺激人们的喉、眼、鼻等黏膜。它还严重影响农作物的生长，迫使农业减产，同时还具有致癌作用，它是汽车尾气排放的第三公害。

梁场主要采取以下措施减少废气带来的危害。

（1）在罐车、叉车、装载机、汽车吊排气管上装上"催化转换器"使尾气中的 $CO$ 与 $NO$ 反应，生成无毒气体。其原理是催化转换器中的净化剂将增强 $CO$、$HC$、$NO$ 三种气体的活性，促使其发生氧化还原反应生成无毒气体，降低尾气的危害。汽车尾气催化转化器见图 6.30。

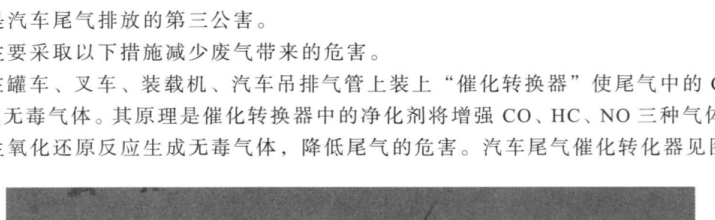

图 6.30 汽车尾气催化转化器

（2）尽量节制内燃机械的使用，例如叉车只限于转运钢绞线、钢筋、压浆水泥、压浆剂、拔抽拔棒；罐车、装载机只限于混凝土生产；并且最大限度地限制汽车吊的使用，尽可能用龙门吊代替其使用，大大减少尾气的排放。

（3）在梁场周围种植大量常青树木、花草，使得有毒气体得到净化，降低尾气在空气中的含量。

## 6.6.10 废水管理

梁场废水的来源主要是搅拌机、罐车、压浆台车的机器清洗。

梁场搅拌站内设置三级沉淀池（图 6.31），搅拌机和罐车清洗的废水通过排水沟流入三级沉淀池，搅拌站根据沉淀池的废料堆积高度定期安排挖掘机和拉土车挖除和运走废料，确保机械设备清洗的废水有效沉淀后再排放到当地的排水沟内。

图 6.31 搅拌站三级沉淀池

压浆台车清洗产生的废水直接排放到专门设置的废水储存桶内，收集完毕后运送至搅拌站三级沉淀池内处理。

## 6.6.11 固体废弃物

梁场固体废弃物主要来源是建筑废料和生活垃圾。

建筑废料主要包括剩余混凝土、废料钢筋、施工材料包装袋等。

### 6.6.11.1 建筑废料

（1）在浇筑过程要严格控制搅拌站发放混凝土方量，坚持落实每车过磅制度，避免混凝土出站方量出现较大误差，从源头控制混凝土的废弃方量。

（2）对于产生的剩余混凝土，可用于小型预制构件制作、路面整修等，也可将混凝土分离出粗骨料、细骨料后再利用。

（3）废料钢筋可用于制作预制混凝土构件和梁体混接缝。

（4）水泥袋可用于装混凝土垫块和定位筋。

### 6.6.11.2 生活垃圾

梁场生活垃圾主要包括办公用品、生活废品。

（1）复印纸经双面打印后方可与废报纸及其他废纸一起作为固体废弃物集中保存，并由梁场综合办公室卖到废品回收站。

（2）梁场生产区内设置一定数量的垃圾桶，将生产过程中产生的固体废弃物及时入桶，按可回收利用、不可回收利用进行分类存放。

（3）废漆筒、废水暖件、废电缆电线、废铁丝、废木料、废塑料品、废泡沫板、废纸箱纸盒及其他可回收物由梁场综合办公室统一回收处理。

## 6.7 铁路枢纽与客站建设绿色化技术

火车站建筑作为集多种交通方式为一体、功能用房配套齐全的综合性大型交通枢纽中心，具有运行能耗大、室内环境控制技术复杂等特点，如何降低建筑能耗、提高室内环境质量一直是火车站建筑落实可持续发展理念的关键环节。渝万高速铁路各车站从规划设计阶段就整体构思建筑方案与绿色建筑技术的融合，通过适宜、高效绿色建筑的充分运用，创造一个绿色特征明确、全生命周期环保节能和舒适高效的现代化客运中心。

### 6.7.1 节地与客运站室外环境控制技术

#### 6.7.1.1 透水地面设计

国际上许多生态城市普遍将铺设透水地面看作城市提高环境质量、减少燥热、预防水灾和保留水资源的重要措施。车站室外步行道的水环境设计包括步行道透水地面、室外地面雨水的收集、排水和景观绿化等。室外地面步行道的透水地面主要强调室外地面步行道绿色生态水环境的安全、卫生、有效的雨水渗透与回收利用。它已成为生态保护、城市热岛环境控制的重要途径之一，目的是节约用水，提高水循环利用率，是实现车站建设中可循环率大的一个重要方面，符合绿色车站规划建设的发展方向。

透水地面具有高强度、高透水性、能够吸收热量和噪声、不积水、不打滑等特点。良好的透水、透气性能，可使雨水迅速渗入地下，既减轻了城市排水的压力，又补充了地下水，保持土壤湿度，改善地面植物和土壤微生物的生存条件。可防止路面积水和夜间反光现象，提高行人、车辆行驶的舒适性和安全性。特有的保水性又使得雨过天晴之时，砖内吸收的水分，慢慢蒸发，有效减少地面热能吸收、降低"热岛效应"。

#### 6.7.1.2 地下空间利用

从建筑空间环境和使用功能特性角度看，地下空间具有温度稳定性（保温隔热）、隔离性（防风尘、隔噪声、减震、遮光等）、防护性、抗震性等特性，地下建筑在节约采暖制冷能耗、抗震、防飓风、战时防护、争取地面阳光绿地、扩大地面开敞空间、隔离污染等方面优于地面建筑（包括高层建筑）和地面交通。同时在地面空间紧缺的情况下，发展地下空间很有必要。地下可设置为旅客出站区、地铁换乘区和停车场等，其功能包括地铁车站、公交上客站、出租车场和社会车辆停车场。

### 6.7.2 节能与绿色能源开发利用技术

#### 6.7.2.1 建筑外围护结构节能措施

车站为高大空间公共建筑，为了满足建筑所追求的整体效果，建筑立面采用虚实相间的透明材料和实体材料，屋顶天窗面积超过规范标准要求。在进行建筑节能设计时，采用多种节能措施来降低空调能耗，将建筑的能耗水平控制为全国同类建筑的先进水平。

（1）固定外遮阳。

建筑屋檐外挑尺寸大，为水平遮阳方式。项目设计阶段作了计算分析，可知该水平遮阳能遮挡夏季正午大部分的太阳辐射。

（2）可调节百叶外遮阳。

玻璃幕墙和天窗采取可调节的百叶遮阳措施。项目设计阶段作计算分析，可知采用百叶遮阳后，对进入室内的太阳辐射消减较大，特别是太阳光线与玻璃表面法线夹角超过32°以后，几乎90%的直射光不能进入室内。这就降低了夏季室内温度，同时降低了空调能耗。

（3）屋面保温隔热。

采用岩棉和铝锰镁金属板屋面，岩棉厚度为150 mm，要求岩棉毡干密度大于80 $kg/m^3$，屋面传热系数小于0.50 $W/(m^2 \cdot K)$，满足公共建筑节能设计标准中平均传热系数小于0.7 $W/(m^2 \cdot K)$ 的规定。

（4）墙体保温隔热。

外墙主要为中空玻璃幕墙，密闭性、防水性和保温性能良好，幕墙之间柱子部分采用铝板XPS复合保温板干挂，保温层厚度为40 mm，满足公共建筑节能设计标准要求平均传热系数小于1.0 $W/(m^2 \cdot K)$ 的规定。墙体空心砖墙部分采用XPS复合石膏保温板内保温，保温层厚度为30 mm，满足公共建筑节能设计标准中平均传热系数小于1.0 $W/(m^2 \cdot K)$ 的规定。

（5）楼板保温隔热。

接触室外空气的架空楼板为浮筑保温隔声楼板，采用30 mm厚XPS聚苯乙烯泡沫塑料（FPS）保温隔热层，上铺40 mm厚细石混凝土，内配 $\phi 6$ mm钢筋网，形成具有良好保温隔热性能的复合楼板，传热系数 $K$<1.0 $W/(m^2 \cdot K)$，满足《公共建筑节能设计标准》（GB 50189—2015）的要求。

（6）地面保温隔热。

地面采用40 mm厚XPS保温板，上铺50 mm厚细石混凝土，内配中6 mm钢筋网。热阻<1.2 $W/(m^2 \cdot K)$，满足《公共建筑节能设计标准》（GB 50189—2015）的要求。

## 6.7.2.2 自然采光设计

通过采光模拟计算对建筑平面、建筑构件进行精细设计，提高室内天然光利用水平。平面布局中注意每个功能房间合理布局，充分利用自然采光，避免出现"黑房间"。车站多为高大空间公共建筑，进深和开间均较大，侧窗难以满足采光要求。因此，增设天窗满足室内照度，同时降低昼间照明能耗。

## 6.7.2.3 枢纽站地源热泵应用

重庆属于夏热冬冷地区，因此在枢纽站的进站层等设置冷暖空调，地下出站层设置夏季制冷空调。冷、热源采用地源热泵系统。

（1）地源热泵系统是利用了地球表面浅层地热资源（通常小于400 m深）作为冷热源，进行能量转换的空调系统。这种储存于地表浅层近乎无限的可再生能源，使得地表浅层地热资源成为清洁的可再生能源。

（2）地表浅层地热资源的温度一年四季相对稳定，冬季比环境空气温度高，夏季比环境空气温度低，是很好的热泵热源和空调冷源，这种温度特性使得地源热泵比传统空调系统运行效率要高40%，因此它既节能又节省了40%左右的运行费用。

（3）地源热泵的运行没有任何污染，没有燃烧，没有排烟，也没有废弃物，不需要堆放燃料废物的场地，且不用远距离输送热量。

## 6.7.3 节水及水资源利用技术

渝万铁路主要采取的节水和水资源利用技术有：① 消防水池排水利用；② 采用节水龙头；③ 采用节水器具；④ 景观植物的节水灌溉。

## 6.7.4 绿色铁路客站施工评价模型

目前，我国绿色铁路客站施工的相关评价体系的研究相对匮乏，尚未形成一套完整的绿色客站施工评价体系。而采用突变级数法作为绿色铁路客站施工管理评价方法，是一种全新的尝试，能为规范我国绿色铁路客站施工管理评价提供理论支撑。首先对绿色铁路客站施工管理评价目标进行多层次分解，然后将底层评价因素进行无量纲化、归一化处理，运用不同突变模型的归一公式进行计算，最后得到突变级数值，给出评价等级。实例研究表明，突变级数法可避免人为确定权重的主观性，且计算简单、可靠性高，评价结果更趋于实际，可作为绿色铁路客站施工管理评价的理论参考。

### 6.7.4.1 突变理论

20世纪70年代，法国数学家勒内·托姆（Rene Thom）提出了研究突变（质变）现象的新兴数学——突变理论。它是源于拓扑学、奇点理论和结构稳定性等数学理论。基于突变理论的突变级数法是将评价体系分解为若干个目标，由下层指标向上层指标逐层综合，将每层的控制变量 $x$ 代入对应的突变模型 $f(x)$ 中，用归一公式逐层计算，得到各层的突变隶属函数值，经过递阶运算，最后得到评价对象的突变级数值，将突变级数值进行排序，最大值对应的评价对象为最优方案。在计算过程中，针对评价指标运用"非互补"（含大取小）或"互补"（取平均值）的原则。

### 6.7.4.2 突变级数法及其步骤

（1）评价指标体系。

对评价指标体系按层次、分主次顺序进行分解，形成树状层次结构，将评价目标指标到下层指标逐级进行分层，每一个指标的控制变量一般不超过4个，按照主次顺序进行排序，直至达到可以定量的子指标为止，如图6.32所示。

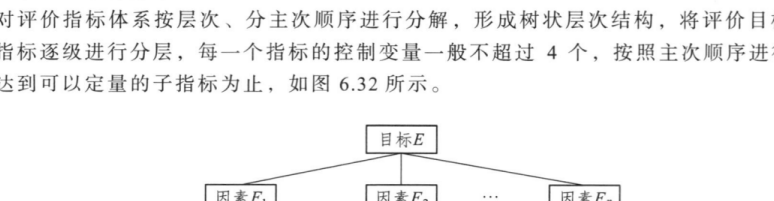

图 6.32 递阶层次结构

（2）突变模型。

突变理论一般是指托姆提出的自然界 7 种突变模型形式，一般常用的有 4 种，即折叠、尖点、燕尾和蝴蝶突变模型，如 6.33 所示，其表达式分别为：

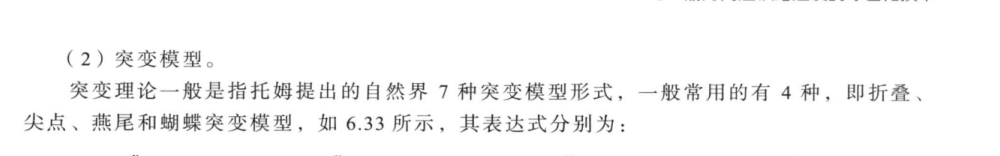

图 6.33 几种典型的突变模型系统

$$f(x) = x^3 + ax$$

$$f(x) = x^4 + ax^2 + bx$$

$$f(x) = \frac{1}{5}x^5 + \frac{1}{3}ax^3 + \frac{1}{2}bx^2 + cx$$

$$f(x) = \frac{1}{6}x^6 + \frac{1}{4}ax^4 + \frac{1}{3}bx^3 + \frac{1}{2}cx^2 + dx$$

式中：$x$ 为突变模型中的一个状态变量；$f(x)$ 为突变模型中状态变量 $x$ 的控制变量。

（3）评价指标的无量纲化处理。

对于评价指标，一般分为两类：一类为定性指标，可以通过专家评判法等方法进行评判，相应赋值；一类为定量指标，可以用极差变换法等方法进行处理。定量指标按其性质分为正向指标和逆向指标。对于正向指标，其数值越大越好；对于逆向指标，其数值越小越好。正向指标表达式为：

$$y_{ij} = \frac{x_{ij} - x_{\min(j)}}{x_{\max(j)} - x_{\min(j)}} \tag{6.7}$$

逆向指标表达式为：

$$y_{ij} = \frac{x_{\max(j)} - x_{ij}}{x_{\max(j)} - x_{\min(j)}} \tag{6.8}$$

式中：$y_{ij}$ 为极差变换后的数据；$x_{ij}$ 为原始数据；$x_{\max(j)}$ 为 $j$ 行数据最大值；$x_{\min(j)}$ 为 $j$ 行数据最小值。

（4）突变模型的归一化公式。

根据突变理论，突变模型的势函数为 $f(x)$，平衡曲面方程通过 $f(x)$ 一阶导数求得，即 $f'(x)=0$；奇点集方程通过 $f(x)$ 二阶导数求得，即 $f''(x)=0$。分歧点集方程通过 $f'(x)=0$ 和 $f''(x)=0$ 联立求得。进而得到折叠、尖点、燕尾和蝴蝶突变 4 种突变模型的归一化公式分别为：

$$x_a = \sqrt{|a|} \tag{6.9}$$

$$x_a = \sqrt{|a|}, \quad x_b = \sqrt[3]{|b|} \tag{6.10}$$

$$x_a = \sqrt{|a|}, \quad x_b = \sqrt{|b|}, \quad x_c = \sqrt{|c|}$$ (6.11)

$$x_a = \sqrt{|a|}, \quad x_b = \sqrt[3]{|b|}, \quad x_c = \sqrt[4]{|c|}, \quad x_d = \sqrt[5]{|d|}$$ (6.12)

式中：$x_a$、$x_b$、$x_c$、$x_d$ 分别为各式中 $a$、$b$、$c$、$d$ 对应的 $x$ 值。

（5）利用归一化公式进行综合评价。

利用归一化公式对同一评价对象各个评价指标计算的 $x$ 值采用"互补"或"非互补"原则："互补"原则是指着同一个系统中各个控制变量能相互弥补，取其隶属函数值的平均数值作为状态变量 $x$ 的值；"非互补"原则是指着同一个系统中的各个控制变量不相互弥补，按照"大中取小"，即最小值作为状态变量 $x$ 的值。对于"互补"原则的突变隶属函数值是根据式（6.9），（6.10），（6.11），（6.12）计算，然后得到突变隶属函数值 $x = x_a$，$x = \frac{x_a + x_b}{2}$，$x = \frac{x_a + x_b + x_c}{3}$，$x = \frac{x_a + x_b + x_c + x_d}{4}$，经过逐层运算，最后得到突变级数值；对于"非互补"原则的突变隶属函数值为 $x = \{x_a, x_b, x_c, x_d\}_{\min}$，经过逐层运算，最后得到突变级数值。

## 6.7.4.3 基于突变级数法的绿色铁路客站施工管理评价

（1）绿色铁路客站施工管理评价指标体系。

绿色铁路是指以环境价值为尺度，运用各种绿色技术，在确保高速铁路运输安全、快捷、高效的条件下，最大限度地降低高速铁路及其配套设施对生态环境的负面影响，使铁路成为具有良好的社会经济效益和可持续发展的交通运输工具。绿色铁路客站施工是绿色铁路整体研究的一部分，该评价指标体系可分为目标层、多级层。结合铁路客站施工实践，以科学性、可操作性、实用性为准则，与《绿色铁路客站评价标准》相比，考虑到可操作性和实际情况，渝万铁路客站绿色施工管理评价指标减少了人员安全与健康评价和运营评价内容，增加了绿色施工质量管理、重要结构及材料监管、施工安全及薄弱环节管理的内容。首先确定环境保护、资源节约和施工过程管理 3 个 1 级指标，选取了与之相关的 9 个 2 级指标建立 3 层指标评价体系，如图 6.34 所示。为便于与改进神经网络法进行比较，也以万州北站为例，根据评价目标的要求，选择 20 名客站建设、设计、监理、运营单位的高级职称以上专家，由专家根据评价标准对施工管理进行一一维打分，将每个评价指标的等级划分为优、良、中、一般、差 5 个等级，分别对应 A、B、C、D、E 5 个标准，分别对应数值为 0.9、0.7、0.5、0.3 和 0.1。其中：A 表示满足评价标准 90%的要求，为最优状态；B 表示满足评价标准的 70%要求；C 表示满足评价标准的 50%要求；D 表示满足评价标准的 30%要求；E 表示该指标完全不满足预定要求，为最差状态。如表 6.10 所示，每项指标评定如表 6.11 所示。

表 6.10 指标评定标准及取值

| 评价等级 | 优 | 良 | 中 | 一般 | 差 |
|---|---|---|---|---|---|
| 评价标准 | A | B | C | D | E |
| 对应评价值 | 0.9 | 0.7 | 0.5 | 0.3 | 0.1 |
| 对应等级值区间 | [0.9, 1] | [0.7, 0.9) | [0.5, 0.7) | [0.3, 0.5) | [0.1, 0.3) |

## 6 渝万高速铁路建设的绿色化技术

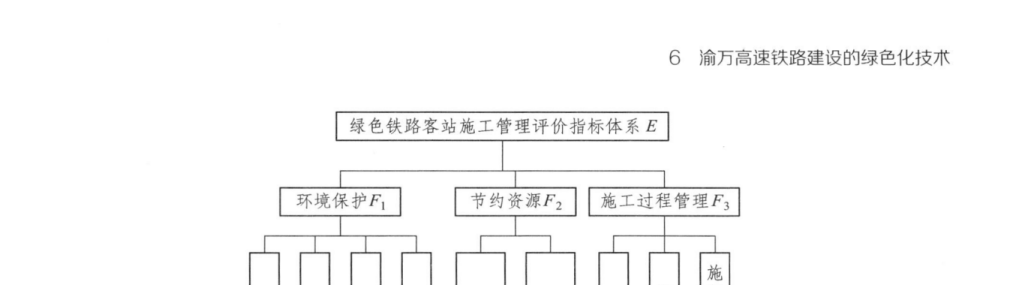

图 6.34 绿色铁路客站施工管理评价指标体系

表 6.11 指标评定分值及无量纲化值

| 目标层 | 一级指标 | 二级指标 | 专家评分 | | | | | | | 均值 | 无量纲化值 |
|---|---|---|---|---|---|---|---|---|---|---|---|
| | | | 1 | 2 | 3 | 4 | 5 | 6 | 7 | 8 | |
| 绿色铁路客站施工管理 $E$ (-) | 环境保护 $F_1$(+) | 施工组织水平 $G_1$ | A 0.9 | B 0.7 | B 0.7 | C 0.5 | C 0.5 | B 0.7 | A 0.9 | C 0.5 | 0.675 | 0.875 |
| | | 施工垃圾处理 $G_2$ | B 0.7 | C 0.5 | B 0.7 | C 0.5 | B 0.7 | C 0.5 | C 0.5 | B 0.7 | 0.6 | 0.5 |
| | | 施工污染控制 $G_3$ | B 0.7 | C 0.5 | C 0.5 | C 0.5 | B 0.7 | A 0.9 | C 0.5 | A 0.9 | 0.65 | 0.75 |
| | | 施工设备选型 $G_4$ | E 0.1 | E 0.1 | D 0.3 | D 0.3 | E 0.1 | D 0.3 | B 0.7 | C 0.5 | 3 | 0 |
| | 环境污染治理 $F_2$(-) | 施工节地、节能、节水、节材措施 $G_5$ | C 0.5 | D 0.3 | D 0.3 | B 0.7 | C 0.5 | E 0.1 | D 0.3 | B 0.7 | 0.425 | 0.625 |
| | | 减少模板和混凝土损耗 $G_6$ | A 0.9 | B 0.7 | B 0.7 | A 0.9 | B 0.7 | B 0.7 | B 0.7 | C 0.5 | 0.725 | 0.125 |
| | | 绿色施工质量管理 $G_7$ | B 0.7 | A 0.9 | A 0.9 | B 0.7 | B 0.7 | A 0.9 | A 0.9 | C 0.5 | 0.775 | 0.375 |
| | 施工过程管理 $F_3$(-) | 重要结构及材料管理 $G_8$ | C 0.5 | C 0.5 | D 0.3 | C 0.5 | D 0.3 | C 0.5 | C 0.5 | D 0.3 | 0.425 | 0.625 |
| | | 施工安全及薄弱环节管理 $G_9$ | B 0.7 | E 0.1 | A 0.9 | C 0.5 | B 0.7 | B 0.7 | B 0.7 | D 0.3 | 0.575 | 0.375 |

注：表中（+）表示下一层指标遵循"互补"原则，（-）表示其下层指标遵循"非互补"原则。

（2）绿色铁路客站施工评价的突变级数模型。

根据图 6.34 的评价指标体系和图 6.5 的典型模型系统构成，各指标评价采用的突变模型分别为：

① $G_1$、$G_2$、$G_3$、$G_4$ 与 $F_1$ 分别构成蝴蝶突变模型，$G_1$、$G_2$、$G_3$、$G_4$ 互补。

② $G_5$、$G_6$ 与 $F_2$ 分别构成尖点突变模型，$G_1$、$G_2$ 非互补。

③ $G_7$、$G_8$、$G_9$ 与 $F_3$ 分别构成燕尾突变模型，$G_7$、$G_8$、$G_9$ 非互补。

④ $F_1$、$F_2$、$F_3$ 与 E 分别构成燕尾突变模型，$F_1$、$F_2$、$F_3$ 非互补。

（3）评价指标的无量纲化。

对表 6.10 中的各项指标数据先取平均值，再进行无量纲化处理，所有指标均为正向指标，采用式（6.1）计算，结果见表 6.11。

（4）计算突变隶属函数值。

① $G_1$、$G_2$、$G_3$、$G_4$ 与 $F_1$ 分别构成蝴蝶突变模型，按式（6.6）计算并考虑"互补"原则，则

$$x_{G_1} = \sqrt{0.875} = 0.935\ 4$$

$$x_{G_2} = \sqrt[3]{0.5} = 0.793\ 7$$

$$x_{G_3} = \sqrt[4]{0.75} = 0.930\ 6$$

$$x_{G_4} = \sqrt[5]{0} = 0$$

$$x_{F_1} = \frac{x_{G_1} + x_{G_2} + x_{G_3} + x_{G_4}}{4} = 0.664\ 9$$

② $G_5$、$G_6$ 与 $F_2$ 分别构成尖点突变模型，按式（6.4）计算并考虑"非互补"原则，则

$$x_{G_5} = \sqrt{0.625} = 0.790\ 6$$

$$x_{G_6} = \sqrt[3]{0.125} = 0.5$$

$$x_{F_2} = \min(x_{G_5}, x_{G_6}) = 0.5$$

③ $G_7$、$G_8$、$G_9$ 与 $F_3$ 分别构成燕尾突变模型，按式（6.5）计算并考虑"非互补"原则，则

$$x_{G_7} = \sqrt{0.375} = 0.612\ 4$$

$$x_{G_8} = \sqrt[3]{0.625} = 0.855$$

$$x_{G_9} = \sqrt[4]{0.375} = 0.782\ 5$$

$$x_{F_3} = \min\left(x_{G_7}, x_{G_8}, x_{G_9}\right) = 0.612\ 4$$

（5）计算突变级数值。

根据上述计算结果并考虑"非互补"原则，可得该铁路客站绿色施工评价的突变级数值为

$$x_E = \min\left(\sqrt{x_{F_1}}, \sqrt[3]{x_{F_2}}, \sqrt[4]{x_{F_3}}\right) = 0.7937$$

根据表 6.10，计算结果对应的等级为"良"，与改进神经网络法的评价等级一致，因此判定万州北站绿色施工评价良好。

## 6.7.4.4 结 论

应用突变级数法将绿色铁路客站施工管理含有多个指标的评价目标逐层分解进行量化，再由归一公式自下而上求出各层的隶属函数值，最后计算出评价指标的突变级数值，将突变级数值进行排序，最大值对应的等级即为评价等级。

（1）该方法不需考虑各指标的权重值，只需将各指标按照传统的重要程度进行排序，评价等级与改进神经网络法一致，证明了该方法的有效性。

（2）该方法避免了主观因素的干扰和随意性，因而评价结果的公认度较高，流程更加清晰，可操作性更强。

# 7 渝万高速铁路施工绿色化技术

## 7.1 环境保护的绿色化技术

### 7.1.1 环境敏感区保护的绿色化技术

2013年，渝万高速铁路经设计方案优化，获得环保部门变更设计环评批复，最终线路走向涉及玉峰山森林公园、长寿湖风景名胜区、垫江明月山风景名胜区、东山国家森林公园等4个环境敏感区。每个敏感区环境保护措施具体如下：

1. 玉峰山森林公园环境保护的绿色化技术

渝万高速铁路在施工期采取的绿色化技术：

（1）采取隧道形式穿越，减少占地。

（2）对玉峰山隧道采取"以堵为主、控制排放"的原则进行施工，尽量维持原有地下水的径流环境；施工单位根据水文地质情况制订隧道施工地下水环境保护预案，施工期监控顶部泉眼水位的变化情况以及是否存在地表塌陷情况，根据监控情况采取地下水环境保护预案中的措施。

（3）尽量避开雨季施工，施工便道利用既有公路，尽量选择裸地、草地等生物量低的土地，避免占用林地、旱地等；隧道施工废水设置沉淀池处理；不在公园内弃渣。

（4）工程施工完成后，施工造成的迹地采用植被进行修复；森林公园内的桥梁方案、路基边坡及隧道洞口设计充分考虑景观要求，与当地文化相结合，与周围环境融合，保持景观及文化上的协调。

（5）公园内各桥梁注重外观色彩设计，以浅灰色等冷色调为主，以弱化桥梁轮廓线，尽可能使其与景区景观相协调。

（6）路基段景观设计以稳定路基和水土保持为主要目的。为了达到快速建立边坡植被群落、恢复边坡生态环境的效果，边坡生态恢复方式采用混法喷播或客土喷播等恢复方式，采用草本植物和灌木的混合播种或种植的方式，早期草本植物能迅速覆盖地面，防止水土流失，后期生态系统的恢复和固坡护坡则由灌木发挥作用的方式解决。

（7）由于在施工期间铁路建设的运输线路与公园游览道路部分路段共用，会造成一定影响。因此施工单位施工建材、渣土运输尽量在夜间进行，并保持车辆外观整洁，运输时用遮雨篷遮盖，减小扬尘产生。同时在保证施工安全及工程质量的同时缩短施工时间，以减小施工给游客带来的不利影响。

2. 长寿湖风景名胜区环境保护措施

本工程在施工期采取了如下措施，以尽可能减少对环境的影响：

（1）做好路基边坡绿化，注重景区内工程的景观设计，尽量与周围景观环境相协调，同时加强施工期环境保护管理，以降低机械开挖和填筑对敏感区周边地表的扰动和破坏，对弃渣场的选址尽量远离环境敏感区。

（2）采取科学施工方法，加强施工工艺和绿化恢复措施，不在风景名胜区内设置弃渣场；施工营地、临时堆拌料场等都应选择在隐蔽的区域内修建，不随处搭建和设置，尽量不占用自然植被、环境好的地方；施工便道尽量利用既有道路及工程永久用地，施工车辆不得驶出施工便道范围。

（3）施工结束后对迹地进行植被恢复，工程开挖后形成的边坡，采取挡墙、片石护坡和植草等防护，桥涵工程对会产生岸坡冲刷地段，采取片石岸坡防护。

（4）施工期产生的土石方采取定点堆放措施，禁止乱弃乱堆，并结合道路本身的情况及周边土地的开发利用，统一调配土石方。生活垃圾设立专门的防雨垃圾箱收集，弃土、弃渣和垃圾及时清运出风景区，并防止运输过程中洒漏。

（5）做好施工场地排水工作，防止雨水夹带泥沙排入河中；桥梁钻孔桩基础附近设置沉淀池，施工废水作沉淀处理。

（6）施工作业场地中的土方、水泥、石灰、砂石等散装物料运输和临时存放，采取防风遮挡措施；施工便道及场地经常洒水，定期清扫。

3. 垫江明月山风景名胜区环境保护措施

为将施工期对景区环境的影响降至最低，本工程采取了以下措施：

（1）不在风景名胜区内设置弃渣场；施工便道尽量利用既有道路及工程永久用地，施工车辆不得驶出施工便道范围。

（2）施工结束后对迹地进行植被恢复，工程开挖后形成的边坡，采取挡墙、片石护坡和植草等防护，桥涵工程对会产生岸坡冲刷地段，采取片石岸坡防护。

（3）施工期产生的土石方采取定点堆放措施，结合道路本身的情况及周边土地的开发利用，统一调配土石方。生活垃圾设立专门的防雨垃圾箱收集，弃土、弃渣和垃圾及时清运出风景区，并防止运输过程中洒漏。

（4）做好施工场地排水工作，防止雨水夹带泥沙排入河中；桩基施工附近设置沉淀池，施工废水作沉淀处理。

（5）施工作业场地采取防风遮挡措施；施工便道及场地经常洒水，定期清扫。

（6）施工建材、渣土运输尽量在夜间进行，并保持车辆外观整洁，运输时用遮雨篷遮盖，减小扬尘产生。在保证施工安全及工程质量的同时缩短施工时间，以减小施工给游客带来的不利影响。

4. 东山国家森林公园环境保护的绿色化技术

渝万高速铁路在施工期采取绿色化技术，以降低对公园环境的影响：

（1）隧道洞口洞门以上以采用恢复原始植被的方式为主，尽量恢复其原有生态环境。

（2）公园内的桥梁方案、路基边坡、隧道进口边坡及车站设计充分考虑景观要求，与当地文化相结合，与周围环境融合，保持景观及文化上的协调。工程施工完成后，施工造成的迹地采用植被进行修复。

（3）施工便道尽量利用既有公路，尽量选择裸地、草地等生物量低的土地，尽量避免占用林地、水田、旱地等。

（4）加强施工期环境保护管理，不在公园内弃渣，公园内的材料堆放场地作硬化处理，并设置排水设施及沉淀池，避免对公园造成环境污染。

## 7.1.2 土地资源保护措施

一是通过增大桥隧比例，有条件的尽量以桥梁、隧道的形式通过，本项目全线桥隧比达到71.59%。

二是通过优化选址，尽可能使临时占地避开农业用地，取土坑、弃渣场尽量利用空地、旱地、荒地，工程完后尽快进行覆土、复垦、复绿等植被恢复措施，归还地方使用。

三是对占用的农业用地进行表土剥离，用于新开垦耕地土壤改良。其中对于临时占用的农业土地，施工结束后及时采取种植绿肥作物等增强土壤肥力。

四是对周边分布有农田的施工，对物料堆场、运输车辆等采取临时防风、防雨等遮挡措施，尽量避免因工程施工（如人员的活动、机械的碾压等）给附近农作物及农田土质带来影响。

五是考虑到进重庆北站列车减速，合理降低旅客列车速度目标值（80～140 km/h），减小最小曲线半径（4 000 m调整为1 200 m），减少了夹心地数量。

## 7.1.3 水土保持的绿色化技术

一是做好路基、桥梁、隧道、站场等工程排水系统，与原有排水系统衔接。不得切割、阻挡地表径流的畅通，强行改变径流的方向或改沟、改河。

二是合理选择渣场。对不能利用的弃渣，坚持先挡后弃，做好排水，并分层堆放夯实，表面覆土、复垦（图7.1、图7.2）：

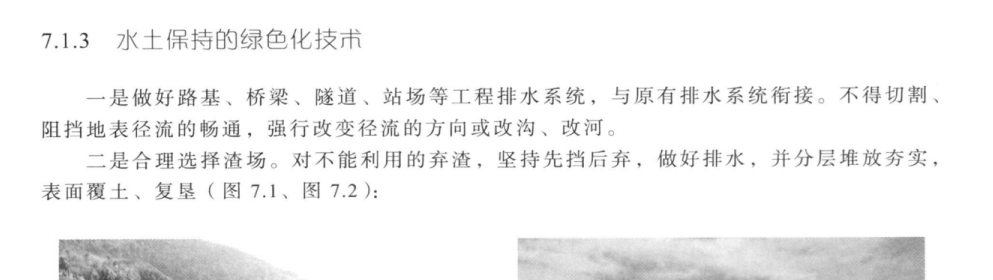

图7.1 D1K30+200左侧500 m弃土场　　　图7.2 D1K115+500右侧700 m弃渣场

三是对深路堑边坡防护施工要做到随挖、随整、随填、随夯，及时实施相应的水土保持措施，减少水土流失程度及总量。高路堤的填方尽可能移挖作填，随填随夯。在路基主体工程完成时，同时完成坡面防护、挡墙、冲刷防护、植草绿化等工程措施（图7.3）。

四是在桥梁工程施工时，凡是水中墩施工弃土要输送到岸上妥善处理，避免堆弃河滩；对开挖的河岸边坡，及时采取有效的岸坡防护措施，以减少水土流失。在桥址上、下游附近距离内有集中式饮用水源取水时，要采取防止水质恶化的施工措施。施工结束后，做到桩清场净，及时恢复原地貌（图 7.4）。

图 7.3 DK64+450Z 左侧路基边坡防护　　　　图 7.4 御临河特大桥

五是严格落实水土流失防治体系。分区采取边坡挡护、植草绿化和截排水等工程、植物永临结合措施，达到综合防治的目的。

## 7.1.4 噪声防护措施

一是在工程施工期，合理布设施工场地，料场及搅拌设备尽量远离附近的居民区、学校、医院等，或采取围挡封闭降噪措施。合理安排施工时间，如夜间尽量不施工或安排低噪声作业，如因特殊需要必须作业的，须经县级以上人民政府或部门批准并公告，以减轻施工噪声对环境的影响。

二是合理规划施工便道和载重车辆走行时间，居民区采取减速和限制车辆鸣笛措施，并加强施工期环境噪声监控。

三是对运营期受铁路噪声影响超标的居民区、学校、医院等敏感点采取降噪措施。对距离铁路外轨中心线两侧 30 m 以内的建筑物，采取声屏障措施，或辅以隔声窗，或采取拆迁安置或功能置换措施，确保噪声达标，如和林小学、双龙中心幼儿园、高山坡、双溪村第一排均采取了功能置换措施。本项目全线共设置声屏障 48 748 m、隔声窗 6 830 m（图 7.5、图 7.6）。

另外，建设单位在建设过程中加强了对沿线政府部门的环保宣传，建议合理规划铁路两侧土地功能，在距铁路外轨中心线两侧 30 m 内区域严禁新建居民住宅、学校和医院等噪声敏感建筑物；距铁路外轨中心线两侧 30 m 以外、200 m 以内的区域内不宜临路新建学校、医院、敬老院和集中住宅区等噪声敏感建筑物。

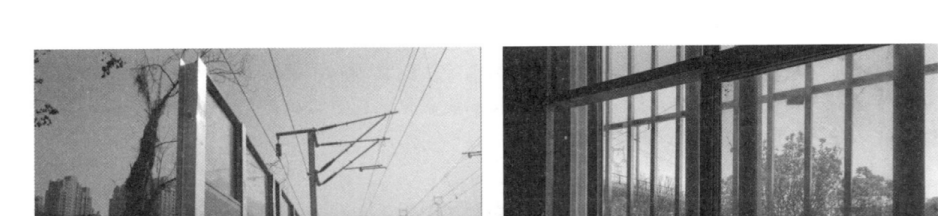

图 7.5 声屏障　　　　　　　　　　图 7.6 隔声窗

## 7.1.5 振动防护的绿色化技术

一是加强振动施工机械控制和管理，尽量避免在敏感点附近进行打桩和爆破等强振动作业。振动性作业尽量安排在昼间进行，同时做好施工期振动和地面沉降监控，尽量减少施工对建筑物的影响。

二是合理布局施工现场，对振动大的施工机械远离居民区布置。

三是对振动预测超标地段建筑物结合降噪达标采取拆迁安置或功能置换措施，全线对 57 处振动预测超标敏感点结合噪声治理措施对 331 户采取了功能置换措施。

四是建议地方规划部门比照噪声影响措施中提出的噪声防护距离对铁路两侧土地进行规划，从源头上减少振动扰民情况的发生。

五是运营期加强轮轨维护、保养，定期进行钢轨打磨，确保线路轨道的平顺性。

## 7.1.6 空气污染防治的绿色化技术

一是对施工现场主要道路尽量作硬化处理，及时洒水清扫，对施工场地范围洒水喷湿，减少扬尘。

二是加强回填土方堆放场的表面压实、定期喷湿管理，在工程开挖、钻孔时对干燥断面采取洒水喷湿措施。通常在 4 级风及以上天气情况下，停止所有土石方施工，以防止扬尘对环境的影响。

三是对施工现场的办公区和生活区进行绿化和美化。工地垃圾、渣土要及时清运，运土卡车要求实行密闭式运输。车辆驶离施工现场时，特别是雨季施工必须对车轮进行冲洗，避免发生洒落，污染环境。

四是对车辆运输和机械设备优先使用低含硫量的汽油或柴油，尾气排放满足标准要求。

此外，通过调整施工车辆的运行路线和时间，尽量避免在繁华区和居民住宅区行驶，也能起到降低粉尘污染的效果。

## 7.1.7 固体废弃物防治的绿色化技术

一是对产生的生活垃圾等固体废弃物（包括运营后沿线各站段职工及旅客产生的各种垃圾）进行分类和集中存放，交由市政部门统一处理或清运至环卫部门指定的垃圾堆放点，严禁在工地焚烧（图7.7）。

二是加强出渣管理，规范或指定场所对弃渣、生活垃圾、砂石料等进行堆放。禁止在玉峰山森林公园、长寿湖风景名胜区、明月山风景名胜区、东山森林公园以及清泉自来水厂、敞家河水厂、福寺供水站等环境敏感点设置弃渣场、施工场地、施工营地等等，通过合理设置临时堆放场地，集中堆放，及时清运，做到工完场地清。加强出渣管理，及时清运，必须做到密闭、包扎、覆盖，不得沿途洒漏，做到工序完工场地清洁。

三是加强运输车辆管理，采取密闭、包扎、覆盖等方式，运输过程中散落在路面上的泥土要及时清扫，避免造成环境污染（图7.8）。

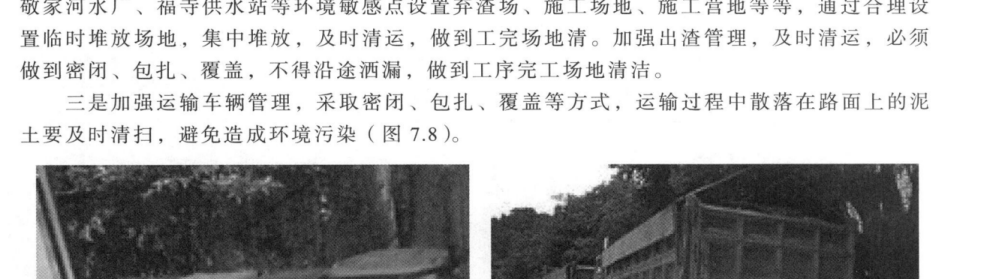

图7.7 生活营地垃圾收集与分类　　　　图7.8 隧道出渣车

此外，要加强对各种化学物质使用的检查、监督，化学品使用完后应做好容器（包括余料）的回收及现场的清理工作，不得随意丢弃。

## 7.1.8 地表水环境保护的绿色化技术

一是做好路基、桥梁、隧道、站场等工程排水系统，与原有排水系统衔接。不得切割、阻挡地表径流的畅通，强行改变径流的方向或改沟、改河。

二是严禁施工废水乱排、乱放。在隧道、路基、桥梁桩基等施工，以及拌和站、梁场生产过程中产生的废水，均通过三级集水沉淀池、排水口临时格栅等排水设施处理后进行排放。特别是在敞家河水厂等三个水源保护区内桥梁钻孔桩基施工过程中，对施工产生的泥浆经沉淀、气浮处理达一级排放标准后排入附近沟渠。沉淀出来的泥浆及时运出水源保护区（图7.9）。

三是禁止在东山国家森林公园、明月山风景名胜区、敞家河水厂等等环境敏感点内设置弃渣场、混凝土拌和站、施工营地等临时施工用地或设施，施工人员临时驻地可采用移动式厕所或设置化粪池进行处理后排放，水源保护区内的施工便道尽量利用既有公路以及工程永久用地，减少对水源保护区土地的破坏。

四是对深路堑边坡防护施工要做到随挖、随整，随填、随夯，及时实施相应的水土保持措施，减少水土流失程度及总量。高路堤的填方尽可能移挖作填，随填随夯。在路基主体工程完成时，同时完成坡面防护、挡墙、冲刷防护、植草绿化等工程措施。

五是在桥梁工程施工时，凡是水中墩施工弃土要输送到岸上妥善处理，避免堆弃河滩；对开挖的河岸边坡，及时采取有效的岸坡防护措施，以减少水土流失。在桥址上、下游附近距离内有集中式饮用水源取水时，要采取防止水质恶化的施工措施。施工结束后，做到桩清场净，及时恢复原地貌。

六是对跨清泉自来水厂、敬家河水厂、福寺供水站等3个水源保护区的桥梁安装了护轮轨等防倾覆装置，防止列车倾覆污染水源（图7.10）。

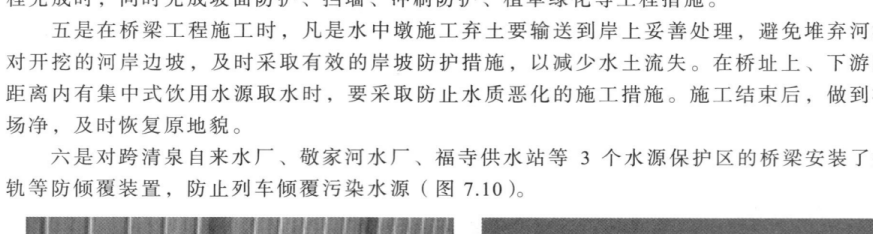

图 7.9 拌和站三级沉淀池　　　　　　图 7.10 桥梁护轮轨

此外，针对铁路运营期产生的集便污水、生活污水采用人工湿处理后达标排放，或纳入城市污水处理系统，或者通过水处理后进行循环利用，如梁平南站等等。

## 7.2 基于突变级数法的绿色高速铁路施工评价研究

### 7.2.1 绿色高速铁路施工评价概述

《建筑工程绿色施工评价标准》（GB/T 50640—2010）等标准的颁布实施，使绿色施工评价逐步走向标准化管理，但标准中尚未充分体现对绿色施工的评价，绿色高速铁路施工评价的研究也同样处于探索阶段。现有施工评价方法主要有层次分析方法、模糊理论方法、灰色理论方法、价值分析方法、集对分析方法等。上述方法均不同程度地存在或多或少的缺陷。层次分析方法主要依靠评判专家的主观意识、个人偏向和工作习惯。在进行各指标重要性比较分析、建立判断矩阵的过程中，因为客观上存在评价对象的复杂性和信息量的不足，评判专家难以对两个指标或方案的重要性给出明确的结论。模糊数学方法需由评判专家对评价指标或方案进行全部排序，由于评判专家主观有限性和客观复杂性，难以对指标或方案进行全部排序。灰色理论的关联分析方法过度依赖于实际收集的数据，缺乏对评判专家主观意识的体现。价值工程方法在确定评价指标权重和评价对象的功能系数时存在一定的局限性，当评价指标或方案具有模糊特性，或指标过于繁多，或指标分层次时，主观意识偏差就会随之偏大。集对分析方法不足之处是 $b$、$c$ 的细化问题，原创联系度虽然可以对研究对象所处状态空间进行"一分为三"的划分，但显得有点粗糙。针对上述问题，本研究试图将突变理论和模糊数学结合产生的突变级数法应用于绿色高速铁路施工评价。该方法的优点在于没有评价指标权重，但它考虑了各指标间的相对重要性，从而减少了主观人为性，又不失科学性和合理性，使评价和分析结果更趋于实际，且计算简易准确，应用范围广阔，很值得推广应用。

## 7.2.2 突变级数法及其步骤

### 7.2.2.1 突变理论

20 世纪 70 年代，法国数学家勒内·托姆（Rene Thom）提出了研究突变（质变）现象的新兴数学——突变理论。它是源于拓扑学、奇点理论和结构稳定性等数学理论。基于突变理论的突变级数法是将的评价体系分解为若干个目标，由下层指标向上层指标逐层综合，将每层的控制变量 $x$ 代入对应的突变模型 $f(x)$ 中，用归一公式逐层计算，得到各层的突变隶属函数值，经过递阶运算，最后得到评价对象的突变级数值，将突变级数值进行排序，最大值对应的评价对象为最优方案。在计算过程中，针对评价指标运用"非互补"（舍大取小）或"互补"（取平均值）的原则。

### 7.2.2.2 突变级数法及其步骤

（1）评价指标体系。

对评价指标体系按层次、分主次顺序进行分解，形成树状层次结构，将评价目标指标到下层指标逐级进行分层，每一个指标的控制变量一般不超过 4 个，按照主次顺序进行排序，直至达到可以定量的子指标为止，如图 7.11 所示。

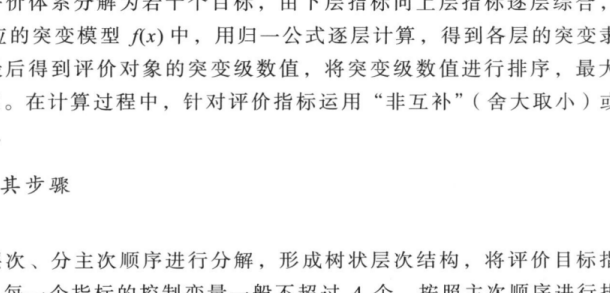

图 7.11 递阶层次结构图

（2）突变模型。

目前，突变理论一般是指托姆提出的自然界 7 种突变模型形式，一般常用的有 4 种，即折叠、尖点、燕尾和蝴蝶突变模型，其表达式分别为：

$$f(x) = x^3 + ax$$

$$f(x) = x^4 + ax^2 + bx$$

西南山区高速铁路建设绿色化技术与工程实践

$$f(x) = \frac{1}{5}x^5 + \frac{1}{3}ax^3 + \frac{1}{2}bx^2 + cx$$

$$f(x) = \frac{1}{6}x^6 + \frac{1}{4}ax^4 + \frac{1}{3}bx^3 + \frac{1}{2}cx^2 + dx$$

式中：$x$ 为突变模型中的一个状态变量；$f(x)$ 为状态变量 $x$ 的控制变量。

（3）评价指标的无量纲化处理。

对于评价指标，一般分为两类：一类为定性指标，可以通过专家评判法等方法进行评判，相应赋值；一类为定量指标，可以用极差变换法等方法进行处理。定量指标按其性质分为正向指标和逆向指标。对于正向指标，其数值越大越好；对于逆向指标，其数值越小越好。正向指标表达式为：

$$y_{ij} = \frac{x_{ij} - x_{\min(j)}}{x_{\max(j)} - x_{\min(j)}} \tag{7.1}$$

逆向指标表达式为：

$$y_{ij} = \frac{x_{\max(j)} - x_{ij}}{x_{\max(j)} - x_{\min(j)}} \tag{7.2}$$

式中：$y_{ij}$ 为极差变换后的数据；$x_{ij}$ 为原始数据；$x_{\max(j)}$ 为 $j$ 行数据最大值；$x_{\min(j)}$ 为 $j$ 行数据最小值。

若指标数值在[0，1]范围，则无须进行无量纲化处理，直接进行计算。

（4）突变系统的归一化处理。

根据突变理论，突变模型的势函数为 $f(x)$，平衡曲面方程通过 $f(x)$ 一阶导数求得，即 $f'(x)=0$；奇点集方程通过 $f(x)$ 二阶导数求得，即 $f''(x)=0$。分歧点集方程通过 $f'(x)=0$ 和 $f''(x)=0$ 联立求得。进而得到折叠、尖点、燕尾和蝴蝶突变4种突变模型的归一化公式分别为：

$$x_a = \sqrt{|a|} \tag{7.3}$$

$$x_a = \sqrt{|a|}，\quad x_b = \sqrt[3]{|b|} \tag{7.4}$$

$$x_a = \sqrt{|a|}，\quad x_b = \sqrt[3]{|b|}，\quad x_c = \sqrt[4]{|c|} \tag{7.5}$$

$$x_a = \sqrt{|a|}，\quad x_b = \sqrt[3]{|b|}，\quad x_c = \sqrt[4]{|c|}，\quad x_d = \sqrt[5]{|d|} \tag{7.6}$$

式中：$x_a$、$x_b$、$x_c$、$x_d$ 分别为各式中 $a$、$b$、$c$、$d$ 对应的 $x$ 值。

（5）利用归一化公式进行综合评价。

利用归一化公式对同一评价对象各个评价指标计算的 $x$ 值采用"互补"或"非互补"原则："互补"原则是指若同一个系统中各个控制变量能相互弥补，取其隶属函数值的平均数值作为状态变量 $x$ 的值；"非互补"原则是指若同一个系统中的各个控制变量不相互弥补，按照

"大中取小"，即最小值作为状态变量 $x$ 的值。对于"互补"原则的突变隶属函数值是根据式（7.3）、（7.4）、（7.5）、（7.6）计算，然后得到突变隶属函数值 $x = x_a$，$x = \frac{x_a + x_b}{2}$，$x = \frac{x_a + x_b + x_c}{3}$，$x = \frac{x_a + x_b + x_c + x_d}{4}$，经过逐层运算，最后得到突变级数值；对于"非互补"原则的突变隶属函数值为 $x = \{x_a, x_b, x_c, x_d\}_{\min}$，经过逐层运算，最后得到突变级数值。

## 7.2.3 基于突变级数法的绿色高速铁路施工评价

### 7.2.3.1 绿色高速铁路施工评价指标体系

绿色高速铁路是指以环境价值为尺度，运用各种绿色技术，在确保高速铁路运输安全、快捷、高效的条件下，最大限度地降低高速铁路及其配套设施对生态环境的负面影响，使高速铁路成为具有良好的社会经济益和可持续发展的交通运输工具。绿色高速铁路施工是绿色高速铁路整体研究的一部分，《建筑工程绿色施工评价标准》（GB/T 50640—2010）的评价内容包括节地与土地资源保护、节能与能源利用、节水与水资源利用、节材与材料资源利用、环境保护共5部分。由于高速铁路建设工程专业性强，技术因素复杂，该评价指标体系可分为目标层、多级层。如图 7.12 所示。以某高速铁路为例，现由有关专家根据评价标准对现场5家施工单位进行打分，将每个评价指标的等级划分为优、良、合格、不合格4等，各级对应得分分别为 4、3、2、1 分，每项指标评分如表 7.1 所示，其对应的评价等级如表 7.2 所示。

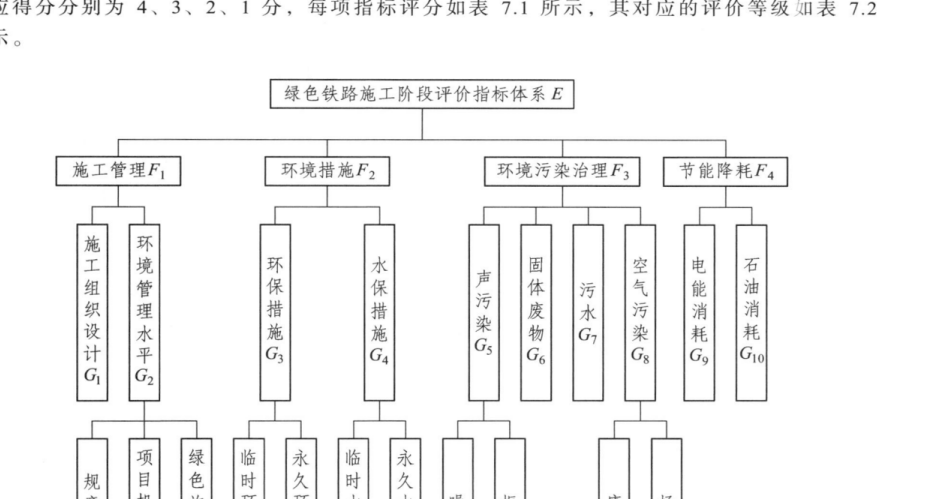

图 7.12 绿色高速铁路施工评价指标体系

西南山区高速铁路建设绿色化技术与工程实践

表 7.1 指标评价分值及无量纲化值

| 目标层 | 一级指标 | 二级指标 | 三级指标 | 表述评分 | | | | | 均值 | 无量纲比值 |
|---|---|---|---|---|---|---|---|---|---|---|
| | | | | 单位 1 | 单位 2 | 单位 3 | 单位 4 | 单位 5 | | |
| | | 施工组织水平 $G_1$ | | 3 | 2 | 2 | 3 | 3 | 2.6 | 0.6 |
| | 施工管理 $F_1(-)$ | 环境管理水平 $G_2(-)$ | 规章制度 $H_1$ | 4 | 3 | 4 | 3 | 3 | 3.4 | 0.4 |
| | | | 项目管理机构 $H_2$ | 2 | 2 | 2 | 3 | 2 | 2.2 | 0.2 |
| | | | 绿色施工培训 $H_3$ | 1 | 1 | 2 | 1 | 2 | 1.4 | 0.4 |
| 绿色高速铁路施工评价 $(-)$ | 环保措施 $F_2(+)$ | 环保措施 $G_3(-)$ | 临时环保措施 $H_4$ | 4 | 4 | 3 | 2 | 4 | 3.4 | 0.4 |
| | | | 永久环保措施 $H_5$ | 4 | 3 | 4 | 3 | 4 | 3.6 | 0.6 |
| | | 水保措施 $G_4(-)$ | 临时水保措施 $H_6$ | 3 | 2 | 4 | 4 | 2 | 3 | 0 |
| | | | 永久环保措施 $H_7$ | 3 | 3 | 4 | 3 | 2 | 3 | 0 |
| | | 声污染 $G_5$ | 噪声 $H_8$ | 3 | 2 | 3 | 3 | 2 | 2.6 | 0.6 |
| | | | 振动 $H_9$ | 4 | 4 | 4 | 3 | 4 | 3.8 | 0.8 |
| | 环境污染治理 $F_3(+)$ | 固体废物 $G_6$ | | 2 | 3 | 1 | 2 | 3 | 2.2 | 0.2 |
| | | 污水 $G_7$ | | 1 | 2 | 1 | 1 | 2 | 1.4 | 0.4 |
| | | 空气污染 $G_8(-)$ | 废气 $H_{10}$ | 3 | 4 | 3 | 2 | 3 | 3 | 0 |
| | | | 扬尘 $H_{11}$ | 3 | 3 | 2 | 1 | 4 | 2.6 | 0.6 |
| | 节能降耗 $F_4(-)$ | 电力消耗 $G_9$ | | 2 | 3 | 2 | 3 | 3 | 2.6 | 0.6 |
| | | 燃油消耗 $G_{10}$ | | 4 | 3 | 3 | 4 | 4 | 3.6 | 0.6 |

注：表中（+）表示下一层指标遵循"互补"原则，（-）表示其下层指标遵循"非互补"原则。

表 7.2 评价等级及其对应评价区间

| 评价等级 | 优 | 良 | 合格 | 不合格 |
|---|---|---|---|---|
| 评分分值区间 | [3, 4] | [2, 3) | [1, 2) | [0, 1) |
| 对应等级值区间 | (0.75, 1] | [0.5, 0.75) | [0.25, 0.5) | [0, 0.25) |

## 7.2.3.2 绿色高速铁路施工评价的突变级数模型

根据评价指标数据递阶层次结构，各指标评价采用的突变模型分别为：

（1）$H_1$、$H_2$、$H_3$ 与 $G_2$ 分别构成燕尾突变模型，$H_1$、$H_2$、$H_3$ 非互补。

（2）$H_4$、$H_5$ 与 $G_3$ 分别构成尖点突变模型，$H_4$、$H_5$ 非互补。

（3）$H_6$、$H_7$ 与 $G_4$ 分别构成尖点突变模型，$G_6$、$G_7$ 非互补。

（4）$H_8$、$H_9$ 与 $G_5$ 分别构成尖点突变变模型，$H_8$、$H_9$ 非互补。

（5）$H_{10}$、$H_{11}$ 与 $G_8$ 分别构成尖点突变模型，$H_{10}$、$H_{11}$ 非互补。

（6）$G_1$、$G_2$ 与 $F_1$ 分别构成尖点突变模型，$G_1$、$G_2$ 非互补。

（7）$G_3$、$G_4$ 与 $F_2$ 分别构成尖点突变模型，$G_1$、$G_2$ 互补。

（7）$G_5$、$G_6$、$G_7$、$G_8$ 与 $F_3$ 分别构成蝴蝶突变模型，$G_5$、$G_6$、$G_7$、$G_8$ 互补。

（8）$G_9$、$G_{10}$ 与 $F_1$ 分别构成尖点突变模型，$G_1$、$G_2$ 非互补。

（9）$F_1$、$F_2$、$F_3$、$F_4$ 与 $E$ 分别构成蝴蝶突变模型，$F_1$、$F_2$、$F_3$、$F_4$ 非互补。

## 7.2.3.3 评价指标的无量纲化

对各项指标数据进行无量纲化处理，将其转化成[0，1]的数值。所有指标均为正向指标，采用式（7.1）计算，结果见表 7.1。

## 7.2.3.4 计算突变隶属函数值

（1）$H_1$、$H_2$、$H_3$ 与 $G_2$ 分别构成燕尾突变模型，按式（7.5）计算并考虑"非互补"原则，则

$$x_{H_1} = \sqrt{0.92} = 0.632\ 5$$

$$x_{G_2} = \sqrt[3]{0.2} = 0.584\ 8$$

$$x_{H_3} = \sqrt[4]{0.4} = 0.795\ 3$$

$$x_{G_2} = \min(x_{H_1}, x_{H_2}, x_{H_3}) = 0.584\ 8$$

（2）$H_4$、$H_5$ 与 $G_3$，$H_6$、$H_7$ 与 $G_4$，$H_8$、$H_9$ 与 $G_5$，$H_{10}$、$H_{11}$ 与 $G_8$ 分别构成尖点突变模型，按式（7.4）计算并考虑"非互补"原则，则

$$x_{H_4} = \sqrt{0.4} = 0.632\ 5$$

$$x_{H_5} = \sqrt[3]{0.6} = 0.843\ 4$$

$$x_{H_6} = \sqrt{0} = 0$$

$$x_{H_7} = \sqrt{0} = 0$$

西南山区高速铁路建设绿色化技术与工程实践

$$x_{H_8} = \sqrt{0.6} = 0.774\ 6$$

$$x_{H_9} = \sqrt[3]{0.8} = 0.928\ 3$$

$$x_{H_{10}} = \sqrt{0.3} = 0$$

$$x_{H_{11}} = \sqrt[3]{0.6} = 0.843\ 4$$

$$x_{G_3} = \min(x_{H_4}, x_{H_5}) = 0.632\ 5$$

$$x_{G_4} = \min(x_{H_6}, x_{H_7}) = 0$$

$$x_{G_5} = \min(x_{H_8}, x_{H_9}) = 0.774\ 6$$

$$x_{G_6} = \min(x_{H_{10}}, x_{H_{11}}) = 0$$

（3）$G_1$、$G_2$ 与 $F_1$，$G_3$、$G_4$ 与 $F_2$，$G_9$、$G_{10}$ 与 $F_4$ 分别构成尖点突变模型，按式（7.4）计算并考虑"互补"与"非互补"原则，则

$$x_{F_1} = \min(\sqrt{x_{G_1}}, \sqrt[3]{x_{G_2}}) = 0.774\ 6$$

$$x_{F_2} = \min(\sqrt{x_{G_3}}, \sqrt[3]{x_{G_4}}) = 0.397\ 6$$

$$x_{F_4} = \min(\sqrt{x_{G_9}}, \sqrt[3]{x_{G_{10}}}) = 0.774\ 6$$

$$x_{F_3} = \frac{\sqrt{x_{G_5}} + \sqrt[3]{x_{G_6}} + \sqrt[3]{x_{G_7}} + \sqrt[3]{x_{G_8}}}{4} = 0.565\ 1$$

### 7.2.3.5　计算突变级数值

根据计算结果并考虑"非互补"原则，可得该高速铁路绿色施工评价的突变级数值为

$$x_E = \min\left(\sqrt{x_{F_1}}, \sqrt[3]{x_{F_2}}, \sqrt[4]{x_{F_3}}, \sqrt[3]{x_{F_4}}\right) = 0.735\ 3$$

根据表 7.2，计算结果对应的等级为"良"，与灰色聚类法的评价结果一致。

### 7.2.4　结　论

突变级数法将含有多个指标的评价目标逐层分解进行量化，再由归一公式自下而上求出各层的隶属函数值，最后计算出评价指标的突变级数值，将突变级数值进行排序，最大值对应的等级即为评价结果。将该方法运用到绿色高速铁路施工方案评价中，不需考虑各指标的权重值，只需将各指标按照传统的重要程度进行排序，避免了主观因素的干扰和随意性，因而评价结果的公认度更高，而且计算更加简便，流程更加清晰，可操作性更强。

# 8 渝万高速铁路建设的绿色化效益评估

铁路交通较其他交通方式，可更好地节约能耗并减少大气污染物的排放，具有良好的生态环境效益和绿色属性，其中渝万铁路也不例外。结合全线实际，参考相关文献，本章选取水土保持、固碳释氧、净化空气 3 个指标对实施绿色通道建设绿色化所产生的效益进行综合评价分析。

## 8.1 绿色化效益评估指标

### 8.1.1 水土保持

植物的水土保持主要体现在以下几个方面：植物茎叶可以拦截降雨，以减小雨滴对坡面的冲刷强度，保持土壤层；草类、乔灌树干及植物落叶能够减少坡面径流的形成；须根的加筋作用及垂直根系的锚固作用可以增强土体的抗剪强度和稳定性；植被覆盖的土壤层可通过拦截、吸收、蓄积降水来涵养大量水源。

### 8.1.2 固炭释氧

植物通过光合作用，吸收 $CO_2$ 并释放出 $O_2$，以平衡空气中的 $CO_2$ 和 $O_2$ 含量，有效缓解温室效应，稳定气候。因此，高速铁路绿色通道建设在缓解地方区域小气候方面起着重要作用。

### 8.1.3 净化空气

净化空气功能包括吸收污染物、阻滞粉尘等。车辆行驶过程中，会产生大量污染物，如 $SO_2$、$NO$、$NO_2$、铅蒸气等，植物能够通过光合作用吸收有害的化学物质，减少空气中污染物含量。同时，植物能够吸附、阻挡、过滤浮尘和飘尘。乔灌木的存在，一方面能降低风速，使部分质量较大的尘粒由于风速减低而沉降到地面；另一方面，植物的叶子表面能够黏着、吸附部分尘粒。

## 8.2 水土保持评估

### 8.2.1 减少土地废弃价值估算

按下式计算减少土地废弃价值：

$$E_s = B \times A_s / (H \times \gamma \times 10^6)$$

式中：$B$ 为草地（灌木）年均收益，元/$km^2$，根据相关文献，1990 年草地、灌木的年均收益分别为 2 455 000 元/$km^2$、2 545 500 元/$km^2$，考虑通货膨胀，换算成 2016 年价格，其分别为 7 146 752 元/$km^2$、7 410 207 元/$km^2$；$H$ 为土壤表土平均厚度，m，按照重庆渝万铁路沿线为西南土石山区，大部分土壤厚度为 1～2m，本章取值 1.5 m；$\gamma$ 为土壤密度，取值 1.35 t/$m^3$。

### 8.2.2 防治泥沙淤积价值估算

按下式计算防治泥沙淤积价值计算：

$$E_n = C_\gamma \times (24\% A_c) / \gamma$$

式中：$C_\gamma$ 为单位水库容的修建平均成本，元/$m^3$，参考 2012 年贵州省建造单位库容的水库，工程成本 6.014 元/$m^3$，考虑通货膨胀因素，换算成 2016 年的价格为 6.567 元/$m^3$。

### 8.2.3 土壤肥力保持价值估算

按下式间接计算土壤肥力保持价值：

$$E_f = \max\{Q \times S \times C_i / 0.15\}(i = N, P, K)$$

式中：$Q$ 为复合肥平均价格，元，2016 年全国各地复合肥最低价格为 1 800 元/t，最高价格为 2 750 元/t，本章计算取中间价格 2 275 元/t；$C_i$ 为土壤中氮、磷、钾的含量，氮为 28 t/$km^2$，磷为 18 t/$km^2$，钾为 590 t/$km^2$。

### 8.2.4 涵养水源价值评估

按下式计算涵养水源价值：

$$E_w = C_\gamma \times (S \times D / \rho)$$

式中：$D$ 为不同植被类型的水分含涵养量，t/$km^2$，引用文献中相关数据，即暖性草丛的水分涵养量为 68 348.1 t/$km^2$，暖性灌木林水分涵养量为 73 761.4 t/$km^2$，林地水分涵养量为 79 174.7 t/$km^2$；$\rho$ 为水的密度，1 t/$m^3$。

## 8.3 固碳释氧评估

### 8.3.1 固定 $CO_2$ 价值

按下式计算固定 $CO_2$ 值：

$$V_c = X_c \times S \times W_c$$

式中：$V_c$ 为吸收 $CO_2$ 总价值，元/a；$X_c$ 为植被单位面积吸收 $CO_2$ 量，t/（$km^2 \cdot a$），草地、灌木林、林地单位面积释放量分别为 284.9 t/（$km^2 \cdot a$）、307.3 t/（$km^2 \cdot a$）、329.7 t/（$km^2 \cdot a$）；$W_c$ 为税碳的影子价格，2008 年人工治理 $CO_2$ 的成本为 1 000 元/t，考虑通货膨胀，换算成 2016 年的人工治理 $CO_2$ 的成本为 1 205.4 元/t。

### 8.3.2 释放 $O_2$ 价值

按下式计算释放 $O_2$ 价值

$$V_o = X_o \times S \times P_o$$

式中：$V_o$ 为释放 $O_2$ 总价值，元/a；$X_o$ 为植被单位面积释放 $O_2$ 量，t/（$km^2 \cdot a$），草地、灌木林、林地单位面积释放量分别为 210.7 t/（$km^2 \cdot a$）、234.8 t/（$km^2 \cdot a$）、258.9 t/（$km^2 \cdot a$）；$P_o$ 为人工生产 $O_2$ 的价格，元/t，2008 年为 1 000 元/t，考虑通货膨胀，换算成 2016 年的价格为 1 205.4 元/t。

## 8.4 净化空气

### 8.4.1 吸收 $SO_2$ 价值评估

按下式计算吸收 $SO_2$ 价值：

$$V_s = X_s \times S \times W_s$$

式中：$V_s$ 为草地（灌木、林地）吸收 $SO_2$ 的价值，元/a；$X_s$ 为植被单位面积吸收 $SO_2$ 的量，t/（$km^2 \cdot a$），本章取 59 t/（$km^2 \cdot a$）；$W_s$ 为我国治理 $SO_2$ 排放的平均费用，元/t，根据国家发改委 2007 年制定的《节能减排综合性工作方案》，$W_s$ 为 1 260 元/t，考虑通货膨胀，换算成 2016 年的 $W_s$ 为 1 608.5 元/t。

### 8.4.2 阻滞粉尘价值评估

按下式计算阻滞粉尘价值：

$$V_d = X_d \times S \times W_d$$

式中：$V_d$ 为草地（灌木、林地）滞尘的价值，元/a；$X_d$ 为植被单位面积吸滞粉尘的量，t/（$km^2 \cdot a$），本章取 210 t/（$km^2 \cdot a$）；$W_d$ 为我国治理粉尘的平均成本，元/t，根据 1998 年出版的《中国生物多样性国情研究报告》，每治理 1 t 粉尘其成本价为 170 元，考虑通货膨胀，换算 2016 年的价格为 244.35 元/t。

## 8.5 渝万高速铁路绿色化效益评估与分析

### 8.5.1 绿色化效益评估

渝万高速铁路路基边坡绿化面积约 2.16 $km^2$、桥梁地段绿化面积约 0.13 $km^2$、隧道进出口绿化面积约 0.12 $km^2$，合计绿化面积约为 2.41 $km^2$。绿化防护主要采取草灌护坡、骨架内草灌护坡、喷混植生、三维柔性护坡及植生袋等形式。

通常，铁路工程在竣工前 2 年内，地面覆盖主要以草类植物为主；第 3 年后，灌木逐渐长成。因此，对铁路工程绿色通道建设生态效益评估时，前 2 年按照草地生态系统评估；3 年开始，按照灌木林生态系统评估。

考虑到铁路沿线生态系统是逐渐形成的，土壤侵蚀量参考文献取值，即：第 1 年现实侵蚀模量取 1 200 $t/(km^2 \cdot a)$；第 3 年现实侵蚀模量取 500 $t/(km^2 \cdot a)$；第 2 年取第 1 年与第 3 年的中间值 850 $t/(km^2 \cdot a)$。潜在侵蚀模量取 2 000 $t/(km^2 \cdot a)$。

结合本章相关评估方法及参数，评估计算结果见表 8.1：

表 8.1 渝万铁路绿色通道建设生态效益

单位：万元

| 功能 | 评价指标 | 第 1 年 | 第 2 年 | 第 3 年 |
|---|---|---|---|---|
| 水土保持 | 减少土地废弃 | 0.68 | 0.98 | 1.32 |
|  | 防治泥沙淤积 | 0.23 | 0.32 | 0.42 |
|  | 土壤肥力保持 | 2 156.55 | 2 156.55 | 2 156.55 |
|  | 涵养水源 | 108.17 | 108.17 | 116.74 |
| 固碳释氧 | 吸收 $CO_2$ | 82.76 | 82.76 | 89.27 |
|  | 释放 $O_2$ | 61.21 | 61.21 | 68.21 |
| 净化空气 | 吸收 $SO_2$ | 22.87 | 22.87 | 22.87 |
|  | 滞 尘 | 12.37 | 12.37 | 12.37 |
| 合 | 计 | 2 444.84 | 2 445.23 | 2 467.75 |

由表 8.1 可以看出：铁路绿色化产生的生态效益在灌木林形成之前是逐年增加的，第 1 年产生的生态效益为 2 444.84 万元，第 2 年产生的生态效益为 2 445.23 万元，第 3 年产生的生态效益为 2 467.75 万元；边坡灌木林生态系统在第 3 年基本形成，第 4 年及以后年份每年产生的生态效益与第 3 年持平。其中生态效益 3 个指标中，水土保持所占的比重最大。

### 8.5.2 绿色化效益分析

#### 8.5.2.1 渝万高速铁路水土保持经济损失

参考相关文献，以有效生态损失（经济资本损失和社会资本损失）、环境损失（自然资本损失）和恢复费用等 3 个指标对渝万高速铁路建设造成生态损失进行经济分析，共计产生经济损失约为4 551.40万元。

## 8.5.2.2 渝万铁路绿色通道建设投资

按照中国铁路总公司《铁路工程绿色通道建设指南》（铁总建设〔2013〕94号）要求，渝万铁路全线实施了绿色通道变更设计，投资总额为4 612.83万元。

## 8.5.2.3 经济对比

以水土保持经济损失费、绿色通道建设投资与绿色通道建设所产生的生态效益进行对比，结果见表8.2：

表8.2 水土保持经济损失费、绿色通道建设投资费与绿色通道建设所产生的生态效益进行对比

| 绿化面积 /$km^2$ | 水土保持经济损失费+ 绿色通道建设投资费/万元 | 累计生态效益/万元 | | | 动态回收期/a |
| --- | --- | --- | --- | --- | --- |
| | | 1 a | 3 a | 4 a | |
| 8.42 | 9 164.23 | 2 444.84 | 7 357.82 | 9 825.57 | 3.73 |

由表8.2可以看出，渝万铁路绿色通道建设创造了较为可观的生态价值。经初步估算，绿色通道实施3.73年后，全线累计产生的生态效益能够基本与渝万铁路建设造成的水土流失经济损失及绿色通道建设投资费之和持平。

通过分析和评估绿色铁路建设对渝万铁路生态效益影响，可以得出如下结论：

（1）生态效益的3个指标中，水土保持所占比重最大，占比约88%。

（2）绿色铁路建设对高速铁路沿线创造了较为可观的生态效益，其中前3年是逐年增加的。绿化实施约3.73年后，项目累计产生的生态效益能够基本与渝万铁路建设造成的水土流失经济损失及绿色通道建设投资费总体持平。

显然，通过绿色高速铁路建设，可以恢复工程建设过程中给生态环境带来的破坏和损失，产生可观的经济效益，从而实现铁路建设与环境保护的可持续协调发展。

# 参考文献

[1] 孙乐，陈盛伟. 我国绿色化理论研究进展[J]. 山东科技大学学报（社会科学版），2017，19（5）：88-93.

[2] 冯之浚，刘燕华，金涌，等. 坚持与完善中国特色绿色化道路[J]. 中国软科学，2015（9）.

[3] 李本松. 新常态下绿色化的经济学分析[J]. 当代经济管理，2016，38（2）：1-6.

[4] 李本松. 新常态下绿色化的内涵解析及其实践要求[J]. 理论与现代化，2016（1）.

[5] 刘凯，任建兰，王成新. 中国绿色化的演变特征及其影响因素[J]. 城市问题，2016（4）.

[6] 王茹，赵忠秀. "绿色化"打造中国生态竞争力[J]. 生态经济，2016（2）：210-212.

[7] 雷德雨. "十三五"时期中国经济发展绿色化：背景、挑战和对策[J]. 改革与战略，2015（10）.

[8] 杨立中，贺玉龙，熊春梅，等. 绿色铁路理论与评价[M]. 成都：西南交通大学出版社，2013.

[9] 刘西明. 绿色新政：理论与实践[M]. 北京：中国铁道出版社，2013.

[10] 胡兴华，黄伟宏，钟芸，等. 绿色交通理论探索与实践[M]. 北京：人民交通出版社，2015.

[11] 卿三惠，杨立中，魏永幸，等. 绿色铁路理论与工程技术[M]. 北京：中国铁道出版社，2015.

[12] 王明慧，周铭湘. 渝万铁路建设项目的环境保护措施[J]. 中国铁路，2012，7.

[13] 王明慧，周铭湘、金琰. 渝万铁路重庆北至长寿北段环保选线分析[J]. 高速铁路技术，2012，1.

[14] 王明慧. 山区高速铁路初步设计阶段方案比选的模糊数学方法[J]. 数学的实践与认识，2013，6.

[15] 王明慧，蒋树平，张桥，等. 山区高速铁路弃渣场选址分析[J]. 铁道工程学报，2013，4.

[16] 王明慧. 高速铁路对生态环境的影响与环保贡献分析[J]. 铁道建筑技术，2015，4.

[17] 王明慧，张桥，凌飞翔，等. 基于突变级数法的绿色高速铁路施工评价研究[J]. 铁道工程学报，2017，2.

[18] 王明慧，张桥，凌飞翔，等. 基于突变级数法的铁路绿色选线方案优选[J]. 铁道标准设计，2017，3.

[19] 王明慧，张桥，凌飞翔，等. 基于突变级数法的绿色铁路客站施工评价模型[J]. 铁道科学与工程学报，2018，1.